INDIANA

George Sand
Translation by
George Burnham Ives
Illustrations by
Tony Johannot

BILINGUAL EDITION

Original texts and translations are in public domain
English translations by George Burnham Ives from 1900

Cover and illustrations by Tony Johannot 1853

Portrait of George Sand by Auguste Charpentier 1838

Reproduction rights reserved

Obscura Éditions © 2023

ABOUT THIS EDITION

For this bilingual edition, the original texts and their translations have been aligned so that the corresponding paragraphs appear side by side. Line breaks can shift the beginning of a paragraph in order to better maintain a correspondence of content between the pages in the original English language, and the French translation.

Good reading.

Table of Contents

INDIANA

Part First

NOTICE

J'ai écrit Indiana *durant l'automne de 1831. C'est mon premier roman ; je l'ai fait sans aucun plan, sans aucune théorie d'art ou de philosophie dans l'esprit. J'étais dans l'âge où l'on écrit avec ses instincts et où la réflexion ne nous sert qu'à nous confirmer dans nos tendances naturelles. On voulut y voir un plaidoyer bien prémédité contre le mariage. Je n'en cherchais pas si long, et je fus étonné au dernier point de toutes les belles choses que la critique trouva à dire sur mes intentions subversives. La critique a beaucoup trop d'esprit, c'est ce qui la fera mourir. Elle ne juge jamais naïvement ce qui a été fait naïvement. Elle cherche, comme disent les bonnes gens, midi à quatorze heures, et a dû faire beaucoup de mal aux artistes qui se sont préoccupés de ses arrêts plus que de raison.*

Sous tous les régimes et dans tous les temps, il y a eu d'ailleurs une race de critiques qui, au mépris de leur propre talent, se sont imaginé devoir faire le métier de dénonciateurs, de pourvoyeurs du ministère public ; singulière fonction pour des gens de lettres vis-à-vis de leurs confrères ! Les rigueurs des gouvernements contre la presse n'ont jamais suffi à ces critiques farouches. Ils voudraient qu'elles portassent non-seulement sur les œuvres, mais encore sur les personnes, et, si on les écoutait, il serait défendu à certains d'entre nous d'écrire quoi que ce soit. Du temps que je fis Indiana, on criait au saint-simonisme à propos de tout. Plus tard on cria à toutes sortes d'autres choses. Il est encore défendu à certains écrivains d'ouvrir la bouche, sous peine de voir les sergents de ville de certains feuilletons s'élancer sur leur œuvre pour les traduire devant la police des pouvoirs constitués. Si cet écrivain fait parler noblement un ouvrier, c'est une attaque contre la bourgeoisie ; si une fille égarée est réhabilitée après expiation, c'est une attaque contre les femmes honnêtes ; si un escroc prend des titres de noblesse, c'est une attaque contre le patriciat ; si un bravache fait le matamore, c'est une insulte

INTRODUCTION

I wrote *Indiana* during the autumn of 1831. It was my first novel; I wrote it without any fixed plan, having no theory of art or philosophy in my mind. I was at the age when one writes with one's instincts, and when reflection serves only to confirm our natural tendencies. Some people chose to see in the book a deliberate argument against marriage. I was not so ambitious, and I was surprised to the last degree at all the fine things that the critics found to say concerning my subversive purposes. Criticism is far too acute; that is what will cause its death. It never passes judgment ingenuously on what has been done ingenuously. It looks for noon at four o'clock, as the old women say, and must cause much suffering to artists who care more for its decrees than they ought to do.

Under all régimes and in all times there has been a race of critics, who, in contempt of their own talent, have fancied that it was their duty to ply the trade of denouncers, of purveyors to the prosecuting attorney's office; extraordinary functions for men of letters to assume with regard to their confrères! The rigorous measures of government against the press never satisfy these savage critics. They would have them directed not only against works but against persons as well, and, if their advice were followed, some of us would be forbidden to write anything whatsoever.At the time that I wrote *Indiana*, the cry of Saint Simonism was raised on every pretext. Later they shouted all sorts of other things. Even now certain writers are forbidden to open their mouths, under pain of seeing the police agents of certain newspapers pounce upon their work and hale them before the police of the constituted powers. If a writer puts noble sentiments in the mouth of a mechanic, it is an attack on the bourgeoisie; if a girl who has gone astray is rehabilitated after expiating her sin, it is an attack on virtuous women; if an impostor assumes titles of nobility, it is an attack on the patrician caste; if a bully plays the swashbuckling

contre l'armée ; si une femme est maltraitée par son mari, c'est la promiscuité qui est prêchée. Et de tout ainsi. Bons confrères, saintes et généreuses âmes de critiques ! Quel malheur qu'on ne songe point à établir un petit tribunal d'inquisition littéraire dont vous seriez les tourmenteurs ! Vous suffirait-il de dépecer et de brûler les livres à petit feu, et ne pourrait-on, sur vos instances, vous permettre de faire tâter un peu de torture aux écrivains qui se permettent d'avoir d'autres dieux que les vôtres ?

Dieu merci, j'ai oublié jusqu'aux noms de ceux qui, dès mon premier début, tentaient de me décourager, et qui, ne pouvant dire que cet humble début fût une platitude complète, essayèrent d'en faire une proclamation incendiaire contre le repos des sociétés. Je ne m'attendais pas à tant d'honneur, et je pense que je dois à ces critiques le remerciement que le lièvre adressa aux grenouilles, en s'imaginant, à leurs terreurs, qu'il avait droit de se croire un foudre de guerre.

GEORGE SAND.

Nohant, mai 1852.

soldier, it is an insult to the army; if a woman is maltreated by her husband, it is an argument in favor of promiscuous love. And so with everything. Kindly brethren, devout and generous critics! What a pity that no one thinks of creating a petty court of literary inquisition in which you should be the torturers! Would you be satisfied to tear the books to pieces and burn them at a slow fire, and could you not, by your urgent representations, obtain permission to give a little taste of the rack to those writers who presume to have other gods than yours?

Thank God, I have forgotten the names of those who tried to discourage me at my first appearance, and who, being unable to say that my first attempt had fallen completely flat, tried to distort it into an incendiary proclamation against the repose of society. I did not expect so much honor, and I consider that I owe to those critics the thanks which the hare proffered the frogs, imagining from their alarm that he was entitled to deem himself a very thunderbolt of war.

GEORGE SAND.

Nohant, May, 1852.

PRÉFACE DE 1832.

*S*i quelques pages de ce livre encouraient le grave reproche de tendance vers des croyances nouvelles, si des juges rigides trouvaient leur allure imprudente et dangereuse, il faudrait répondre à la critique qu'elle fait beaucoup trop d'honneur à une œuvre sans importance ; que, pour se prendre aux grandes questions de l'ordre social, il faut se sentir une grande force d'âme ou s'attribuer un grand talent, et que tant de présomption n'entre point dans la donnée d'un récit fort simple où l'écrivain n'a presque rien créé. Si, dans le cours de sa tâche, il lui est arrivé d'exprimer des plaintes arrachées à ses personnages par le malaise social dont ils sont atteints ; s'il n'a pas craint de répéter leurs aspirations vers une existence meilleure, qu'on s'en prenne à la société pour ses inégalités, à la destinée pour ses caprices ! L'écrivain n'est qu'un miroir qui les reflète, une machine qui les décalque, et qui n'a rien à se faire pardonner si ses empreintes sont exactes, si son reflet est fidèle.

Considérez ensuite que le narrateur n'a pas pris pour texte ou pour devise quelques cris de souffrance et de colère épars dans le drame d'une vie humaine. Il n'a point la prétention de cacher un enseignement grave sous la forme d'un conte ; il ne vient pas donner son coup de main à l'édifice qu'un douteux avenir nous prépare, son coup de pied à celui du passé qui s'écroule. Il sait trop que nous vivons dans un temps de ruine morale, où la raison humaine a besoin de rideaux pour atténuer le trop grand jour qui l'éblouit. S'il s'était senti assez docte pour faire un livre vraiment utile, il aurait adouci la vérité, au lieu de la présenter avec ses teintes crues et ses effets tranchants. Ce livre-là eût fait l'office des lunettes bleues pour les yeux malades.

PREFACE TO THE EDITION OF 1832

I f certain pages of this book should incur the serious reproach of tending toward novel beliefs, if unbending judges shall consider their tone imprudent and perilous, I should be obliged to reply to the criticism that it does too much honor to a work of no importance; that, in order to attack the great questions of social order, one must either be conscious of great strength of purpose or pride one's self upon great talent, and that such presumption is altogether foreign to a very simple tale, in which the author has invented almost nothing. If, in the course of his task, he has happened to set forth the lamentations extorted from his characters by the social malady with which they were assailed; if he has not shrunk from recording their aspirations after a happier existence, let the blame be laid upon society for its inequalities, upon destiny for its caprices! The author is merely a mirror which reflects them, a machine which reverses their tracing, and he has no reason for self-reproach if the impression is exact, if the reflection is true.

Consider further that the narrator has not taken for text or devise a few shrieks of suffering and wrath scattered through the drama of human life. He does not claim to conceal serious instruction beneath the exterior form of a tale; it is not his aim to lend a hand in constructing the edifice which a doubtful future is preparing for us and to give a sly kick at that of the past which is crumbling away. He knows too well that we live in an epoch of moral deterioration, wherein the reason of mankind has need of curtains to soften the too bright glare which dazzles it. If he had felt sufficiently learned to write a genuinely useful book, he would have toned down the truth, instead of presenting it in its crude tints and with its startling effects. That book would have performed the functions of blue spectacles for weak eyes.

Il ne renonce point à remplir quelque jour cette tâche honnête et généreuse ; mais, jeune qu'il est aujourd'hui, il vous raconte ce qu'il a vu, sans oser prendre ses conclusions sur ce grand procès entre l'avenir et le passé, que peut-être nul homme de la génération présente n'est bien compétent pour juger. Trop consciencieux pour vous dissimuler ses doutes, mais trop timide pour les ériger en certitudes, il se fie à vos réflexions, et s'abstient de porter dans la trame de son récit des idées préconçues, des jugements tout faits. Il remplit son métier de conteur avec ponctualité. Il vous dira tout, même ce qui est fâcheusement vrai ; mais si vous l'affubliez de la robe du philosophe, vous le verriez bien confus, lui, simple diseur, chargé de vous amuser et non de vous instruire.

Fût-il plus mûr et plus habile, il n'oserait pas encore porter la main sur les grandes plaies de la civilisation agonisante. Il faut être si sûr de pouvoir les guérir, quand on se risque à les sonder ! Il aimerait mieux essayer de vous rattacher à d'anciennes croyances anéanties, à de vieilles dévotions perdues, plutôt que d'employer son talent, s'il en avait, à foudroyer les autels renversés. Il sait pourtant que, par l'esprit de charité qui court, une conscience timorée est méprisée comme une réserve hypocrite dans les opinions, de même que, dans les arts, une allure timide est raillée comme un maintien ridicule ; mais il sait aussi qu'à défendre les causes perdues, il y a honneur, sinon profit.

Pour qui se méprendrait sur l'esprit de ce livre, une semblable profession de foi jurerait comme un anachronisme. Le narrateur espère qu'après avoir écouté son conte jusqu'au bout, peu d'auditeurs nieront la moralité qui ressort des faits, et qui triomphe là comme dans toutes les choses humaines ; il lui a semblé, en l'achevant, que sa conscience était nette. Il s'est flatté enfin d'avoir raconté sans trop d'humeur les misères sociales, sans trop de passion les passions humaines. Il a mis la sourdine sur ses cordes quand elles résonnaient trop haut ; il a tâché d'étouffer certaines notes de l'âme qui doivent rester muettes, certaines voix du cœur qu'on n'éveille pas

He does not abandon the idea of performing that honorable and laudable task some day; but, being still a young man, he simply tells you to-day what he has seen, not presuming to draw his conclusions concerning the great controversy between the future and the past, which perhaps no man of the present generation is especially competent to do. Too conscientious to conceal his doubts from you, but too timid to transform them into certainties, he relies upon your reflections and abstains from weaving into the woof of his narrative preconceived opinions, judgments all formed. He plies with exactitude his trade of narrator. He will tell you everything, even painful truths; but, if you should wrap him in the philosopher's robe, you would find that he was exceedingly confused, simple story-teller that he is, whose mission is to amuse and not to instruct.

Even were he more mature and more skilful, he would not dare to lay his hand upon the great sores of dying civilization. One must be so sure of being able to cure them when one ventures to probe them! He would much prefer to arouse your interest in old discarded beliefs, in old-fashioned, vanished forms of devotion, to employing his talent, if he had any, in blasting overturned altars. He knows, however, that, in these charitable times, a timorous conscience is despised by public opinion as hypocritical reserve, just as, in the arts, a timid bearing is sneered at as an absurd mannerism; but he knows also that there is honor, if not profit, in defending lost causes.

To him who should misunderstand the spirit of this book, such a profession of faith would sound like an anachronism. The narrator hopes that few auditors, after listening to his tale to the end, will deny the moral to be derived from the facts, a moral which triumphs there as in all human affairs; it seemed to him, when he wrote the last line, that his conscience was clear. He flattered himself, in a word, that he had described social miseries without too much bitterness, human passions without too much passion. He placed the mute under his strings when they echoed too loudly; he tried to stifle certain notes of the soul which should remain mute, certain voices of the heart which

sans danger.

Peut-être lui rendrez-vous justice, si vous convenez qu'il vous a montré bien misérable l'être qui veut s'affranchir de son frein légitime, bien désolé le cœur qui se révolte contre les arrêts de sa destinée. S'il n'a pas donné le plus beau rôle possible à tel de ses personnages qui représente la loi, s'il a montré moins riant encore tel autre qui représente l'opinion, vous en verrez un troisième qui représente l'illusion, et qui déjoue cruellement les vaines espérances, les folles entreprises de la passion. Vous verrez enfin que, s'il n'a pas effeuillé des roses sur le sol où la loi parque nos volontés comme des appétits de mouton, il a jeté des orties sur les chemins qui nous en éloignent.

Voilà, ce me semble, de quoi garantir suffisamment ce livre du reproche d'immoralité ; mais si vous voulez absolument qu'un roman finisse comme un conte de Marmontel, vous me reprocherez peut-être les dernières pages ; vous trouverez mauvais que je n'aie pas jeté dans la misère et l'abandon l'être qui, pendant deux volumes, a transgressé les lois humaines. Ici l'auteur vous répondra qu'avant d'être moral il a voulu être vrai ; il vous répétera que, se sentant trop neuf pour faire un traité philosophique sur la manière de supporter la vie, il s'est borné à vous dire Indiana, une histoire du cœur humain avec ses faiblesses, ses violences, ses droits, ses torts, ses biens et ses maux.

Indiana, *si vous voulez absolument expliquer tout dans ce livre, c'est un type ; c'est la femme, l'être faible chargé de représenter* les passions *comprimées, ou, si vous l'aimez mieux, supprimées par* les lois *; c'est la volonté aux prises avec la nécessité ; c'est l'amour heurtant son front aveugle à tous les obstacles de la civilisation. Mais le serpent use et brise ses dents à vouloir ronger une lime ; les forces de l'âme s'épuisent à vouloir lutter contre le positif de la vie. Voilà ce que vous pourrez conclure de cette anecdote, et c'est dans ce sens qu'elle fut racontée à celui qui vous la transmet.*

cannot be awakened without danger.

Perhaps you will do him justice if you agree that the being who tries to free himself from his lawful curb is represented as very wretched indeed, and the heart that rebels against the decrees of its destiny as in sore distress. If he has not given the best imaginable rôle to that one of his characters who represents *the law*, if that one who represents *opinion* is even less cheerful, you will see a third representing *illusion*, who cruelly thwarts the vain hopes and enterprises of passion. Lastly, you will see that, although he has not strewn rose-leaves on the ground where the law pens up our desires like a sheep's appetite, he has scattered thistles along the roads which lead us away from it.

These facts, it seems to me, are sufficient to protect this book from the reproach of immorality; but, if you absolutely insist that a novel should end like one of Marmontel's tales, you will perhaps chide me on account of the last pages; you will think that I have done wrong in not casting into misery and destitution the character who has transgressed the laws of mankind through two volumes. In this regard, the author will reply that before being moral he chose to be true; he will say again, that, feeling that he was too new to the trade to compose a philosophical treatise on the manner of enduring life, he has restricted himself to telling you the story of *Indiana*, a story of the human heart, with its weaknesses, its passions, its rights and its wrongs, its good qualities and its evil qualities.

Indiana, if you insist upon an explanation of every thing in the book, is a type; she is woman, the feeble being whose mission it is to represent *passions* repressed, or, if you prefer, suppressed by *the law*; she is desire at odds with necessity; she is love dashing her head blindly against all the obstacles of civilization. But the serpent wears out his teeth and breaks them in trying to gnaw a file; the powers of the soul become exhausted in trying to struggle against the positive facts of life. That is the conclusion you may draw from this tale, and it was in that light that it was told to him who transmits it to you.

Malgré ces protestations, le narrateur s'attend à des reproches. Quelques âmes probes, quelques consciences d'honnêtes gens, s'alarmeront peut-être de voir la vertu si rude, la raison si triste, l'opinion si injuste. Il s'en effraie ; car ce qu'un écrivain doit craindre le plus au monde, c'est d'aliéner à ses productions la confiance des hommes de bien, c'est d'éveiller des sympathies funestes dans les âmes aigries, c'est d'envenimer les plaies déjà trop cuisantes que le joug social imprime sur des fronts impatients et rebelles.

Le succès qui s'étaie sur un appel coupable aux passions d'une époque est le plus facile à conquérir, le moins honorable à tenter. L'historien d'Indiana se défend d'y avoir songé ; s'il croyait avoir atteint ce résultat, il anéantirait son livre, eût-il pour lui le naïf amour paternel qui emmaillote les productions rachitiques de ces jours d'avortements littéraires.

Mais il espère se justifier en disant qu'il a cru mieux servir ses principes par des exemples vrais que par de poétiques inventions. Avec le caractère de triste franchise qui l'enveloppe, il pense que son récit pourra faire impression sur des cerveaux ardents et jeunes. Ils se méfieront difficilement d'un historien qui passe brutalement au milieu des faits, coudoyant à droite et à gauche sans plus d'égard pour un camp que pour l'autre. Rendre une cause odieuse ou ridicule, c'est la persécuter et non pas la combattre. Peut-être que tout l'art du conteur consiste à intéresser à leur propre histoire les coupables qu'il veut ramener, les malheureux qu'il veut guérir.

Ce serait donner trop d'importance à un ouvrage destiné sans doute à faire peu de bruit que de vouloir écarter de lui toute accusation. Aussi l'auteur s'abandonne tout entier à la critique ; un seul grief lui semble trop grave pour qu'il l'accepte, c'est celui d'avoir voulu faire un livre dangereux. Il aimerait mieux rester à jamais médiocre que d'élever sa réputation sur une conscience ruinée. Il ajoutera donc

But despite these protestations the narrator anticipates reproaches. Some upright souls, some honest men's consciences will be alarmed perhaps to see virtue so harsh, reason so downcast, opinion so unjust. He is dismayed at the prospect; for the thing that an author should fear more than anything in the world is the alienating from his works the confidence of good men, the awakening of an ominous sympathy in embittered souls, the inflaming of the sores, already too painful, which are made by the social yoke upon impatient and rebellious necks.

The success which is based upon an unworthy appeal to the passions of the age is the easiest to win, the least honorable to strive for. The historian of *Indiana* denies that he has ever dreamed of it; if he thought that he had reached that result, he would destroy his book, even though he felt for it the artless fatherly affection which swaddles the rickety offspring of these days of literary abortions.

But he hopes to justify himself by stating that he thought it better to enforce his principles by real examples than by poetic fancies. He believes that his tale, with the depressing atmosphere of frankness that envelopes it, may make an impression upon young and ardent brains. They will find it difficult to distrust a historian who forces his way brutally through the midst of facts, elbowing right and left, with no more regard for one camp than for the other. To make a cause odious or absurd is to persecute it, not to combat it. It may be that the whole art of the novelist consists in interesting the culprits whom he wishes to redeem, the wretched whom he wishes to cure, in their own story.

It would be giving overmuch importance to a work that is destined doubtless to attract very little notice, to seek to protect it against every sort of accusation. Therefore the author surrenders unconditionally to the critics; a single charge seems to him too serious to accept, and that is the charge that he has written a dangerous book. He would prefer to remain in a humble position forever to building his reputation upon a ruined conscience. He will add a word therefore to

encore un mot pour repousser le blâme qu'il redoute le plus.

Raymon, direz-vous, c'est la société ; l'égoïsme, c'est la morale, c'est la raison. Raymon, répondra l'auteur, c'est la fausse raison, la fausse morale par qui la société est gouvernée ; c'est l'homme d'honneur comme l'entend le monde, parce que le monde n'examine pas d'assez près pour tout voir. L'homme de bien, vous l'avez à côté de Raymon ; et vous ne direz pas qu'il est ennemi de l'ordre ; car il immole son bonheur, il fait abnégation de lui-même devant toutes les questions d'ordre social.

Ensuite vous direz que l'on ne vous a pas montré la vertu récompensée d'une façon assez éclatante. Hélas ! on vous répondra que le triomphe de la vertu ne se voit plus qu'aux théâtres du boulevard. L'auteur vous dira qu'il ne s'est pas engagé à vous montrer la société vertueuse, mais nécessaire, et que l'honneur est devenu difficile comme l'héroïsme, dans ces jours de décadence morale. Pensez-vous que cette vérité dégoûte les grandes âmes de l'honneur ? Je pense tout le contraire.

repel the blame which he most dreads.

Raymon, you will say, is society; egoism is substituted for morality and reason. Raymon, the author will reply, is the false reason, the false morality by which society is governed; he is the man of honor as the world understands the phrase, because the world does not examine closely enough to see everything. The good man you have beside Raymon; and you will not say that he is the enemy of order; for he sacrifices his happiness, he loses all thought of self before all questions of social order.

Then you will say that virtue is not rewarded with sufficient blowing of trumpets. Alas! the answer is that we no longer witness the triumph of virtue elsewhere than at the boulevard theatres. The author will tell you that he has undertaken to exhibit society to you, not as virtuous, but as necessary, and that honor has become as difficult as heroism in these days of moral degeneration. Do you think that this truth will cause great souls to loathe honor? I think just the opposite.

PRÉFACE DE L'ÉDITION DE 1842

S i j'ai laissé réimprimer les pages qu'on vient de lire, ce n'est pas qu'elles résument d'une manière claire et complète la croyance à laquelle je suis arrivé aujourd'hui relativement au droit de la société sur les individus. C'est seulement parce que je regarde les opinions librement émises dans le passé comme quelque chose de sacré, que nous ne devons ni reprendre, ni atténuer, ni essayer d'interpréter à notre guise. Mais aujourd'hui qu'après avoir marché dans la vie, j'ai vu l'horizon s'élargir autour de moi, je crois devoir dire au lecteur ce que je pense de mon œuvre.

Lorsque j'écrivis le roman d'Indiana, j'étais jeune, j'obéissais à des sentiments pleins de force et de sincérité, qui débordèrent de là dans une série de romans basés à peu près tous sur la même donnée : le rapport mal établi entre les sexes, par le fait de la société. Ces romans furent tous plus ou moins incriminés par la critique, comme portant d'imprudentes atteintes à l'institution du mariage. Indiana, malgré le peu d'ampleur des aperçus et la naïveté des incertitudes, n'échappa point à cette indignation de plusieurs esprits soi-disant sérieux, que j'étais fort disposé alors à croire sur parole et à écouter docilement. Mais quoique ma raison fût à peine suffisamment développée pour écrire sur un sujet aussi sérieux, je n'étais pas assez enfant pour ne pas juger à mon tour la pensée de ceux qui jugeaient la mienne. Quelque simple que soit un accusé, quelque habile que soit un magistrat, cet accusé a bien assez de sa conscience pour savoir si la sentence de ce magistrat est équitable ou perverse, sage ou absurde.

Certains journalistes qui s'érigent de nos jours en représentants et en gardiens de la morale publique (je ne sais pas en vertu de quelle mission, puisque je ne sais pas au nom de quelle foi), se prononcèrent

PREFACE TO THE EDITION OF 1842

In allowing the foregoing pages to be reprinted, I do not mean to imply that they form a clear and complete summary of the beliefs which I hold to-day concerning the rights of society over individuals. I do it simply because I regard opinions freely put forth in the past as something sacred, which we should neither retract nor cry down nor attempt to interpret as our fancy directs. But to-day, having advanced on life's highway and watched the horizon broaden around me, I deem it my duty to tell the reader what I think of my book.

When I wrote *Indiana*, I was young; I acted in obedience to feelings of great strength and sincerity which overflowed thereafter in a series of novels, almost all of which were based on the same idea: the ill-defined relations between the sexes, attributable to the constitution of our society. These novels were all more or less inveighed against by the critics, as making unwise assaults upon the institution of marriage. *Indiana*, notwithstanding the narrowness of its scope and the ingenuous uncertainty of its grasp, did not escape the indignation of several self-styled serious minds, whom I was strongly disposed at that time to believe upon their simple statement and to listen to with docility. But, although my reasoning powers were developed hardly enough to write upon so grave a subject, I was not so much of a child that I could not pass judgment in my turn on the thoughts of those persons who passed judgment on mine. However simple-minded a man accused of crime may be and however shrewd the magistrate, the accused has enough common-sense to know whether the magistrate's sentence is equitable or inequitable, wise or absurd.

Certain journalists of our day who set themselves up as representatives and guardians of public morals—I know not by virtue of what mission they act, since I know not by what faith they are

avec rigueur contre les tendances de mon pauvre conte, et lui donnèrent, en le présentant comme un plaidoyer contre l'ordre social, une importance et une sorte de retentissement auxquels il ne serait point arrivé sans cela. C'était investir d'un rôle bien grave et bien lourd un jeune auteur à peine initié aux premières idées sociales, et qui n'avait pour tout bagage littéraire et philosophique qu'un peu d'imagination, du courage et l'amour de la vérité. Sensible aux reproches, et presque reconnaissant des leçons qu'on voulait bien lui donner, il examina les réquisitoires qui traduisaient devant l'opinion publique la moralité de ses pensées, et, grâce à cet examen où il ne porta aucun orgueil, il a peu à peu acquis des convictions qui n'étaient encore que des sentiments au début de sa carrière, et qui sont aujourd'hui des principes.

Pendant dix années de recherches, de scrupules et d'irrésolutions souvent douloureuses, mais toujours sincères, fuyant le rôle de pédagogue que m'attribuaient les uns pour me rendre ridicule, détestant l'imputation d'orgueil et de colère dont me poursuivaient les autres pour me rendre odieux ; procédant, suivant mes facultés d'artiste, par l'analyse de la vie pour en chercher la synthèse, j'ai donc raconté des faits qu'on a reconnus parfois vraisemblables, et peint des caractères qu'on m'a souvent accordé d'avoir su étudier avec soin. Je me suis borné à ce travail, cherchant à établir ma propre conviction bien plutôt qu'à ébranler celle des autres, et me disant que, si je me trompais, la société saurait bien faire entendre des voix puissantes pour renverser mes arguments, et réparer par de sages réponses le mal qu'auraient pu faire mes imprudentes questions. Des voix nombreuses se sont élevées, en effet, pour mettre le public en garde contre l'écrivain dangereux ; mais, quant à de sages réponses, le public et l'auteur attendent encore.

Longtemps après avoir écrit la préface d'Indiana sous l'empire d'un reste de respect pour la société constituée, je cherchais encore à résoudre cet insoluble problème : le moyen de concilier le bonheur et la dignité des individus opprimés par cette même société, sans modifier la société elle-même. Penché sur les victimes, et mêlant ses

commissioned—pronounced judgment pitilessly against my poor tale, and, by representing it as an argument against social order, gave it an importance and a sort of echo which it would not otherwise have obtained. They thereby imposed a very serious and weighty rôle upon a young author hardly initiated in the most elementary social ideas, whose whole literary and philosophical baggage consisted of a little imagination, courage and love of the truth. Sensitive to the reproofs and almost grateful for the lessons which they were pleased to administer, he examined the arguments which arraigned the moral character of his thoughts before the bar of public opinion, and, by virtue of that examination, which he conducted entirely without pride, he gradually acquired convictions which were mere feelings at the outset of his career and which to-day are fundamental principles.

During ten years of investigations, of scruples, and of irresolution, often painful but always sincere, shunning the rôle of pedagogue which some attributed to me to make me ridiculous, abhorring the imputation of pride and spleen with which others pursued me to make me odious, proceeding according to the measure of my artistic faculties, to seek the synthesis of life by analyzing it, I related facts which have sometimes been acknowledged to be plausible, and drew characters which have often been described as having been studied with care. I restricted myself to that, striving to establish my own conviction rather than to shake other people's, and saying to myself that, if I were mistaken, society would find no lack of loud voices to overturn my arguments and to repair by judicious answers the evil that my imprudent questions might have done. Numerous voices did, in fact, arise to put the public on its guard against the dangerous writer, but, as for the judicious answers, the public and the author are still awaiting them.

A long while after I wrote the preface to *Indiana* under the influence of a remnant of respect for constituted society, I was still seeking to solve this insoluble problem: *the method of reconciling the welfare and the dignity of individuals oppressed by that same society without modifying society itself.* Leaning over the victims and mingling his

larmes aux leurs, se faisant leur interprète auprès de ses lecteurs, mais, comme un défenseur prudent, ne cherchant point trop à pallier la faute de ses clients, et s'adressant bien plus à la clémence des juges qu'à leur austérité, le romancier est le véritable avocat des êtres abstraits qui représentent nos passions et nos souffrances devant le tribunal de la force et le jury de l'opinion. C'est une tâche qui a sa gravité sous une apparence frivole, et qu'il est assez difficile de maintenir dans sa véritable voie, troublé qu'on est à chaque pas par ceux qui vous veulent trop sérieux dans la forme, et par ceux qui vous veulent trop léger dans le fond.

Je ne me flatte pas d'avoir rempli habilement cette tâche ; mais je suis sûr de l'avoir tentée sérieusement, au milieu des fluctuations intérieures où ma conscience, tantôt effrayée par l'ignorance de ses droits, tantôt stimulée par un cœur épris de justice et de vérité, marchait pourtant à son but sans trop s'en écarter et sans faire trop de pas en arrière.

Initier le public à cette lutte intérieure par une suite de préfaces et de discussions eût été un moyen puéril, où la vanité de parler de soi eût pris trop de place, à mon gré. J'ai dû m'en abstenir, ainsi que de toucher trop vite aux points restés obscurs dans mon intelligence. Les conservateurs m'ont trouvé trop audacieux, les novateurs trop timide. J'avoue que j'avais du respect et de la sympathie pour le passé et pour l'avenir, et, dans le combat, je n'ai trouvé de calme pour mon esprit que le jour où j'ai bien compris que l'un ne devait pas être la violation et l'anéantissement, mais la continuation et le développement de l'autre.

Après ces dix années de noviciat, initié enfin à des idées plus larges, que j'ai puisées non en moi, mais dans les progrès philosophiques qui se sont opérés autour de moi (en particulier dans quelques vastes intelligences que j'ai religieusement interrogées, et en général dans le spectacle des souffrances de mes semblables), j'ai enfin compris que si j'avais bien fait de douter de moi et d'hésiter à me prononcer à

tears with theirs, making himself their interpreter with his readers, but, like a prudent advocate, not striving overmuch to palliate the wrong-doing of his clients, and addressing himself to the clemency of the judges rather than to their austerity, the novelist is really the advocate of the abstract beings who represent our passions and our sufferings before the tribunal of superior force and the jury of public opinion. It is a task which has a gravity of its own beneath its trivial exterior, and a task which it is exceedingly difficult to confine to its true path, pestered as you are at every step by those who accuse you of being too serious in respect to form and by those who accuse you of being too frivolous in respect to substance.

I do not flatter myself that I performed this task skilfully; but I am sure that I attempted it in all seriousness, amid inward hesitations wherein my conscience, sometimes dismayed by its ignorance of its rights, sometimes inspired by a heart enamored of justice and truth, marched forward to its goal, without swerving too far from the straight road and without too many backward steps.

To enlighten the public as to this inward struggle by a series of prefaces and discussions would have been a puerile method, wherein the vanity of talking about one's self would have taken too much space to suit me. I could but abstain from it as well as from touching too hastily upon the points which were still obscure in my mind. Conservators called me too bold, innovators too timid. I confess that I had respect and sympathy for the past and the future alike, and in the battle I found no peace of mind until the day when I fully realized that the one should not be the violation and the annihilation of the other, but its continuation and development.

After this novitiate of ten years, being initiated at last in broader ideas which I derived not from myself but from the philosophical progress which had taken place around me—and particularly from a few vast intellects which I religiously questioned, and, generally speaking, from the spectacle of the sufferings of my fellowmen,—I realized at last that, although I may have done well to distrust myself and to

l'époque d'ignorance et d'inexpérience où j'écrivais Indiana, *mon devoir actuel est de me féliciter des hardiesses auxquelles je me suis cependant laissé emporter alors et depuis ; hardiesses qu'on m'a tant reprochées, et qui eussent été plus grandes encore si j'avais su combien elles étaient légitimes, honnêtes et sacrées.*

Aujourd'hui donc que je viens de relire le premier roman de ma jeunesse avec autant de sévérité et de détachement que si c'était l'œuvre d'un autre, au moment de le livrer à une publicité que l'édition populaire ne lui a pas encore donnée, résolu d'avance, non pas à me rétracter (on ne doit jamais rétracter ce qui a été fait et dit de bonne foi), mais à me condamner si j'eusse reconnu mon ancienne tendance erronée ou dangereuse, je me suis trouvé tellement d'accord avec moi-même dans le sentiment qui me dicta Indiana, *et qui me le dicterait encore si j'avais à raconter cette histoire aujourd'hui pour la première fois, que je n'ai voulu y rien changer, sauf quelques phrases incorrectes et quelques mots impropres. Sans doute, il en reste encore beaucoup, et le mérite littéraire de mes écrits, je le soumets entièrement aux leçons de la critique ; je lui reconnais à cet égard toute la compétence qui me manque. Qu'il y ait aujourd'hui dans la presse quotidienne une incontestable masse de talent, je ne le nie pas, et j'aime à le reconnaître. Mais qu'il y ait dans cet ordre d'élégants écrivains beaucoup de philosophes et de moralistes, je le nie positivement, n'en déplaise à ceux qui m'ont condamné, et qui me condamneront encore à la première occasion, du haut de leur morale et de leur philosophie.*

Ainsi, je le répète, j'ai écrit Indiana, *et j'ai dû l'écrire ; j'ai cédé à un instinct puissant de plainte et de reproche que Dieu avait mis en moi, Dieu qui ne fait rien d'inutile, pas même les plus chétifs êtres, et qui intervient dans les plus petites causes aussi bien que dans les grandes. Mais quoi ! celle que je défendais est-elle donc si petite ? C'est celle de la moitié du genre humain, c'est celle du genre humain tout entier ; car le malheur de la femme entraîne celui de l'homme,*

hesitate to put forth my views at the epoch of ignorance and inexperience when I wrote *Indiana*, my present duty is to congratulate myself on the bold utterances to which I allowed myself to be impelled then and afterwards; bold utterances for which I have been reproached so bitterly, and which would have been bolder still had I known how legitimate and honest and sacred they were.

To-day therefore, having re-read the first novel of my youth with as much severity and impartiality as if it were the work of another person, on the eve of giving it a publicity which it has not yet derived from the popular edition, having resolved beforehand not to retract—one should never retract what was said or done in good faith—but to condemn myself if I should discover that my former tendencies were mistaken or dangerous, I find myself so entirely in accord with myself with respect to the sentiment which dictated *Indiana* and which would dictate it now if I had that story to tell to-day for the first time, that I have not chosen to change anything in it save a few ungrammatical sentences and some inappropriate words. Doubtless many more of the same sort remain, and the literary merits of my writings I submit without reserve to the animadversions of the critics; I gladly accord to them all the competence in that regard which I myself lack. That there is an incontestable mass of talent in the daily press of the present day, I do not deny and I delight to acknowledge it. But that there are many philosophers and moralists in this array of polished writers, I do positively deny, with due respect to those who have condemned me, and who will condemn me again on the first opportunity, from their lofty plane of morality and philosophy.

I repeat then, I wrote *Indiana,* and I was justified in writing it; I yielded to an overpowering instinct of outcry and rebellion which God had implanted in me, God who makes nothing that is not of some use, even the most insignificant creatures, and who interposes in the most trivial as well as in great causes. But what am I saying? is this cause that I am defending so very trivial, pray? It is the cause of half of the human race, nay, of the whole human race; for the

comme celui de l'esclave entraîne celui du maître, et j'ai cherché à le montrer dans Indiana. *On a dit que c'était une cause individuelle que je plaidais ; comme si, à supposer qu'un sentiment personnel m'eût animé, j'eusse été le seul être infortuné dans cette humanité paisible et radieuse ! Assez de cris de douleur et de sympathie ont répondu au mien pour que je sache maintenant à quoi m'en tenir sur la suprême félicité d'autrui.*

Je ne crois pas avoir jamais rien écrit sous l'influence d'une passion égoïste ; je n'ai même jamais songé à m'en défendre. Ceux qui m'ont lu sans prévention comprennent que j'ai écrit Indiana *avec le sentiment non raisonné, il est vrai, mais profond et légitime, de l'injustice et de la barbarie des lois qui régissent encore l'existence de la femme dans le mariage, dans la famille et la société. Je n'avais point à faire un traité de jurisprudence, mais à guerroyer contre l'opinion ; car c'est elle qui retarde ou prépare les améliorations sociales. La guerre sera longue et rude ; mais je ne suis ni le premier, ni le seul, ni le dernier champion d'une si belle cause, et je la défendrai tant qu'il me restera un souffle de vie.*

Ce sentiment qui m'animait au commencement, je l'ai donc raisonné et développé à mesure qu'on l'a combattu et blâmé en moi. Des critiques injustes ou malveillantes m'en ont appris plus long que ne m'en eût fait découvrir le calme de l'impunité. Sous ce rapport, je rends donc grâces aux juges maladroits qui m'ont éclairé. Les motifs de leurs arrêts ont jeté dans ma pensée une vive lumière, et fait passer dans ma conscience une profonde sécurité. Un esprit sincère fait son profit de tout, et ce qui découragerait la vanité redouble l'ardeur du dévouement.

Qu'on ne voie pas dans les reproches que, du fond d'un cœur aujourd'hui sérieux et calme, je viens d'adresser à la plupart des journalistes de mon temps une protestation quelconque contre le droit de contrôle dont la moralité publique investit la presse française. Que la critique remplisse souvent mal et comprenne mal encore sa mission dans la société actuelle, ceci est évident pour tout le monde ; mais

unhappiness of woman involves that of man, as that of the slave involves that of the master, and I strove to demonstrate it in *Indiana*. Some persons said that I was pleading the cause of an individual; as if, even assuming that I was inspired by personal feeling, I was the only unhappy mortal in this peaceful and radiant human race! So many cries of pain and sympathy answered mine that I know now what to think concerning the supreme felicity of my fellowman.

I do not think that I have ever written anything under the influence of a selfish passion; I have never even thought of avoiding it. They who have read me without prejudice understand that I wrote *Indiana* with a feeling, not deliberately reasoned out, to be sure, but a deep and genuine feeling that the laws which still govern woman's existence in wedlock, in the family and in society are unjust and barbarous. I had not to write a treatise on jurisprudence but to fight against public opinion; for it is that which postpones or advances social reforms. The war will be long and bitter; but I am neither the first nor the last nor the only champion of so noble a cause, and I will defend it so long as the breath of life remains in my body.

This feeling which inspired me at the beginning I reasoned out and developed as it was combated and reproved. Unjust and malevolent critics taught me much more than I should have discovered in the calm of impunity. For this reason therefore I offer thanks to the bungling judges who enlightened me. The motives that inspired their judgments cast a bright light upon my mind and enveloped my conscience in a sense of profound security. A sincere mind turns everything to advantage, and facts that would discourage vanity redouble the ardor of genuine devotion.

Let no one look upon the reproof which, from the depths of a heart that is to-day serious and tranquil, I have just addressed to the majority of journalists of my time, as implying even a suggestion of protest against the right of censorship with which public morality invests the French press. That criticism often ill performs and ill comprehends its mission in the society of the present day, is evident

que la mission en elle-même soit providentielle et sacrée, nul ne peut le nier, à moins d'être athée en fait de progrès, à moins d'être l'ennemi de la vérité, le blasphémateur de l'avenir, et l'indigne enfant de la France. Liberté de la pensée, liberté d'écrire et de parler, sainte conquête de l'esprit humain ! que sont les petites souffrances et les soucis éphémères engendrés par tes erreurs ou tes abus, au prix des bienfaits infinis que tu prépares au monde ?

to all; but that the mission is in itself providential and sacred, no one can deny unless he be an atheist in the matter of progress, unless he be an enemy of the truth, a blasphemer of the future and an unworthy child of France! Liberty of thought, liberty to write and to speak, blessed conquest of the human mind! what are the petty sufferings and the fleeting cares engendered by thy errors or abuses compared to the infinite blessings which thou hast in store for the world!

Indiana

1832

Indiana

PREMIÈRE PARTIE.

I.

Par une soirée d'automne pluvieuse et fraîche, trois personnes rêveuses étaient gravement occupées, au fond d'un petit castel de la Brie, à regarder brûler les tisons du foyer et cheminer lentement l'aiguille de la pendule. Deux de ces hôtes silencieux semblaient s'abandonner en toute soumission au vague ennui qui pesait sur eux ; mais le troisième donnait des marques de rébellion ouverte : il s'agitait sur son siège, étouffait à demi haut quelques bâillements mélancoliques, et frappait la pincette sur les bûches pétillantes, avec l'intention marquée de lutter contre l'ennemi commun.

Ce personnage, beaucoup plus âgé que les deux autres, était le maître de la maison, le colonel Delmare, vieille bravoure en demi-solde, homme jadis beau, maintenant épais, au front chauve, à la moustache grise, à l'œil terrible ; excellent maître devant qui tout tremblait, femme, serviteurs, chevaux et chiens.

Il quitta enfin sa chaise, évidemment impatienté de ne savoir comment rompre le silence, et se prit à marcher pesamment dans toute la longueur du salon, sans perdre un instant la raideur convenable à tous les mouvements d'un ancien militaire, s'appuyant sur les reins et se tournant tout d'une pièce, avec ce contentement perpétuel de soi-même qui caractérise l'homme de parade et l'officier-modèle.

Mais ils étaient passés, ces jours d'éclat où le lieutenant Delmare respirait le triomphe avec l'air des camps ; l'officier supérieur en retraite, oublié maintenant de la patrie ingrate, se voyait condamné à subir toutes les conséquences du mariage. Il était l'époux d'une jeune

PART FIRST

I

On a certain cool, rainy evening in autumn, in a small château in Brie, three pensive individuals were gravely occupied in watching the wood burn on the hearth and the hands of the clock move slowly around the dial. Two of these silent guests seemed to give way unreservedly to the vague ennui that weighed upon them; but the third gave signs of open rebellion: he fidgeted about on his seat, stifled half audibly divers melancholy yawns, and tapped the snapping sticks with the tongs, with a manifest intention of resisting the common enemy.

This person, who was much older than the other two, was the master of the house, Colonel Delmare, an old warrior on half-pay, once a very handsome man, now over-corpulent, with a bald head, gray moustache and awe-inspiring eye; an excellent master before whom everybody trembled, wife, servants, horses and dogs.

At last he left his chair, evidently vexed because he did not know how to break the silence, and began to walk heavily up and down the whole length of the salon, without laying aside for an instant the rigidity which characterizes all the movements of an ex-soldier, resting his weight on his loins and turning the whole body at once, with the unfailing self-satisfaction peculiar to the man of show and the model officer.

But the glorious days had passed, when Lieutenant Delmare inhaled triumph with the air of the camps; the retired officer, forgotten now by an ungrateful country, was condemned to undergo all the consequences of marriage. He was the husband of a young and pretty

et jolie femme, le propriétaire d'un commode manoir avec ses dépendances, et, de plus, un industriel heureux dans ses spéculations ; en conséquence de quoi, le colonel avait de l'humeur, et ce soir-là surtout ; car le temps était humide, et le colonel avait des rhumatismes.

Il arpentait avec gravité son vieux salon meublé dans le goût de Louis xv, s'arrêtant parfois devant une porte surmontée d'Amours nus, peints à fresque, qui enchaînaient de fleurs des biches fort bien élevées et des sangliers de bonne volonté, parfois devant un panneau surchargé de sculptures maigres et tourmentées, dont l'œil se fût vainement fatigué à suivre les caprices tortueux et les enlacements sans fin. Mais ces vagues et passagères distractions n'empêchaient pas que le colonel, à chaque tour de sa promenade, ne jetât un regard lucide et profond sur les deux compagnons de sa veillée silencieuse, reportant de l'un à l'autre cet œil attentif qui couvait depuis trois ans un trésor fragile et précieux, sa femme.

Car sa femme avait dix-neuf ans, et si vous l'eussiez vue enfoncée sous le manteau de cette vaste cheminée de marbre blanc incrusté de cuivre doré ; si vous l'eussiez vue, toute fluette, toute pâle, toute triste, le coude appuyé sur son genou, elle toute jeune, au milieu de ce vieux ménage, à côté de ce vieux mari, semblable à une fleur née d'hier qu'on fait éclore dans un vase gothique, vous eussiez plaint la femme du colonel Delmare, et peut-être le colonel plus encore que sa femme.

Le troisième occupant de cette maison isolée était assis sous le même enfoncement de la cheminée, à l'autre extrémité de la bûche incandescente. C'était un homme dans toute la force et dans toute la fleur de la jeunesse, et dont les joues brillantes, la riche chevelure d'un blond vif, les favoris bien fournis, juraient avec les cheveux grisonnants, le teint flétri et la rude physionomie du patron ; mais le moins artiste des hommes eût encore préféré l'expression rude et austère de M. Delmare aux traits régulièrement fades du jeune

wife, the proprietor of a commodious manor with its appurtenances, and, furthermore, a manufacturer who had been fortunate in his undertakings; in consequence whereof the colonel was ill-humored, especially on the evening in question; for it was very damp, and the colonel had rheumatism.

He paced gravely up and down his old salon, furnished in the style of Louis XV., halting sometimes before a door surmounted by nude Cupids in fresco, who led in chains of flowers well-bred fawns and good-natured wild boars; sometimes before a panel overladen with paltry, over-elaborated sculpture, whose tortuous vagaries and endless intertwining the eye would have wearied itself to no purpose in attempting to follow. But these vague and fleeting distractions did not prevent the colonel, whenever he turned about, from casting a keen and searching glance at the two companions of his silent vigil, resting upon them alternately that watchful eye which for three years past had been standing guard over a fragile and priceless treasure, his wife.

For his wife was nineteen years of age; and if you had seen her buried under the mantel of that huge fire-place of white marble inlaid with burnished copper; if you had seen her, slender, pale, depressed, with her elbow resting on her knee, a mere child in that ancient household, beside that old husband, like a flower of yesterday that had bloomed in a gothic vase, you would have pitied Colonel Delmare's wife, and the colonel even more perhaps than his wife.

The third occupant of this lonely house was also sitting under the same mantel, at the other end of the burning log. He was a man in all the strength and all the bloom of youth, whose glowing cheeks, abundant golden hair and full whiskers presented a striking contrast to the grizzly hair, weather-beaten complexion and harsh countenance of the master of the house; but the least *artistic* of men would none the less have preferred Monsieur Delmare's harsh and stern expression to the younger man's regular but insipid features. The

homme. La figure bouffie, gravée en relief sur la plaque de tôle qui occupait le fond de la cheminée, était peut-être moins monotone, avec son regard incessamment fixé sur les tisons ardents, que ne l'était dans la même contemplation le personnage vermeil et blond de cette histoire. Du reste, la vigueur assez dégagée de ses formes, la netteté de ses sourcils bruns, la blancheur polie de son front, le calme de ses yeux limpides, la beauté de ses mains, et jusqu'à la rigoureuse élégance de son costume de chasse, l'eussent fait passer pour un fort beau cavalier aux yeux de toute femme qui eût porté en amour les goûts dits philosophiques d'un autre siècle. Mais peut-être la jeune et timide femme de M. Delmare n'avait-elle jamais encore examiné un homme avec les yeux ; peut-être y avait-il, entre cette femme frêle et souffreteuse et cet homme dormeur et bien mangeant, absence de toute sympathie. Il est certain que l'argus conjugal fatiguá son œil de vautour sans surprendre un regard, un souffle, une palpitation entre ces deux êtres si dissemblables. Alors, bien certain de n'avoir pas même un sujet de jalousie pour s'occuper, il retomba dans une tristesse plus profonde qu'auparavant, et enfonça ses mains brusquement jusqu'au fond de ses poches.

La seule figure heureuse et caressante de ce groupe, c'était celle d'un beau chien de chasse de la grande espèce des griffons, qui avait allongé sa tête sur les genoux de l'homme assis. Il était remarquable par sa longue taille, ses larges jarrets velus, son museau effilé comme celui d'un renard, et sa spirituelle physionomie toute hérissée de poils en désordre, au travers desquels deux grands yeux fauves brillaient comme deux topazes. Ces yeux de chien courant, si sanglants et si sombres dans l'ardeur de la chasse, avaient alors un sentiment de mélancolie et de tendresse indéfinissable ; et, lorsque le maître, objet de tout cet amour d'instinct, si supérieur parfois aux affections raisonnées de l'homme, promenait ses doigts dans les soies argentées du beau griffon, les yeux de l'animal étincelaient de plaisir, tandis que sa longue queue balayait l'âtre en cadence, et en éparpillait la cendre sur la marqueterie du parquet.

bloated face carved in relief on the sheet of iron that formed the back of the fire-place, with its eye fixed constantly on the burning logs, was less monotonous perhaps than the pink and white fair-haired character in this narrative, absorbed in like contemplation. However, his strong and supple figure, the clean-cut outline of his brown eyebrows, the polished whiteness of his forehead, the tranquil expression of his limpid eyes, the beauty of his hands, and even the rigorously correct elegance of his hunting costume, would have caused him to be considered a very comely *cavalier* in the eyes of any woman who had conceived a passion for the so-called *philosophic* tastes of another century. But perhaps Monsieur Delmare's young and timid wife had never as yet examined a man with her eyes; perhaps there was an entire absence of sympathy between that pale and unhappy woman and that sound sleeper and hearty eater. Certain it is that the conjugal Argus wearied his hawklike eye without detecting a glance, a breath, a palpitation, between these two very dissimilar beings. Thereupon, being assured that he had not the slightest pretext for jealousy to occupy his mind, he relapsed into a state of depression more profound than before, and abruptly plunged his hands into his pockets.

The only cheerful and attractive face in the group was that of a beautiful hunting dog, of the large breed of pointers, whose head was resting on the knees of the younger man. She was remarkable by reason of her long body, her powerful hairy legs, her muzzle, slender as a fox's, and her intelligent face, covered with disheveled hair, through which two great tawny eyes shone like topazes. Those dog's eyes, so fierce and threatening during the chase, had at that moment an indefinable expression of affectionate melancholy; and when her master, the object of that instinctive love, sometimes so superior to the deliberate affection of man, ran his fingers through the beautiful creature's silky silver locks, her eyes sparkled with pleasure, while her long tail swept the hearth in regular cadence, and scattered the ashes over the inlaid floor.

Il y avait peut-être le sujet d'un tableau à la Rembrandt dans cette scène d'intérieur à demi éclairée par la flamme du foyer. Des lueurs blanches et fugitives inondaient par intervalles l'appartement et les figures, puis, passant au ton rouge de la braise, s'éteignaient par degrés ; la vaste salle s'assombrissait alors dans la même proportion. À chaque tour de sa promenade, M. Delmare, en passant devant le feu, apparaissait comme une ombre et se perdait aussitôt dans les mystérieuses profondeurs du salon. Quelques lames de dorure s'enlevaient çà et là en lumière sur les cadres ovales chargés de couronnes, de médaillons et de rubans de bois, sur les meubles plaqués d'ébène et de cuivre, et jusque sur les corniches déchiquetées de la boiserie. Mais lorsqu'un tison, venant à s'éteindre, cédait son éclat à un autre point embrasé de l'âtre, les objets, lumineux tout à l'heure, rentraient dans l'ombre, et d'autres aspérités brillantes se détachaient de l'obscurité. Ainsi l'on eût pu saisir tour à tour tous les détails du tableau, tantôt la console portée sur trois grands Tritons dorés, tantôt le plafond peint qui représentait un ciel parsemé de nuages et d'étoiles, tantôt les lourdes tentures de damas cramoisi à longues crépines qui se moiraient de reflets satinés, et dont les larges plis semblaient s'agiter en se renvoyant la clarté inconstante.

On eût dit, à voir l'immobilité des deux personnages en relief devant le foyer, qu'ils craignaient de déranger l'immobilité de la scène ; fixes et pétrifiés comme les héros d'un conte de fées, on eût dit que la moindre parole, le plus léger mouvement allait faire écrouler sur eux les murs d'une cité fantastique ; et le maître au front rembruni, qui d'un pas égal coupait seul l'ombre et le silence, ressemblait assez à un sorcier qui les eût tenus sous le charme.

Enfin le griffon, ayant obtenu de son maître un regard de complaisance, céda à la puissance magnétique que la prunelle de l'homme exerce sur celle des animaux intelligents. Il laissa échapper un léger aboiement de tendresse craintive, et jeta ses deux pattes sur les épaules de son bien-aimé avec une souplesse et une grâce inimitables.

It was a fitting subject for Rembrandt's brush, that interior, dimly lighted by the fire on the hearth. At intervals fugitive white gleams lighted up the room and the faces, then, changing to the red tint of the embers, gradually died away; the gloom of the salon varying as the fitful gleams grew more or less dull. Each time that Monsieur Delmare passed in front of the fire, he suddenly appeared, like a ghost, then vanished in the mysterious depths of the salon. Strips of gilding stood forth in the light now and then on the oval frames, adorned with wreaths and medallions and fillets of wood, on furniture, inlaid with ebony and copper, and even on the jagged cornices of the wainscoting. But when a brand went out, resigning its brilliancy to some other blazing point, the objects which had been in the light a moment before withdrew into the shadow, and other projections stood forth from the obscurity. Thus one could have grasped in due time all the details of the picture, from the console supported by three huge gilded tritons, to the frescoed ceiling, representing a sky studded with stars and clouds, and to the heavy hangings of crimson damask, with long tassels, which shimmered like satin, their ample folds seeming to sway back and forth as they reflected the flickering light.

One would have said, from the immobility of the two figures in bold relief before the fire, that they feared to disturb the immobility of the scene; that they had been turned to stone where they sat, like the heroes of a fairy tale, and that the slightest word or movement would bring the walls of an imaginary city crumbling about their ears. And the dark-browed master, who alone broke the silence and the shadow with his regular tread, seemed a magician who held them under a spell.

At last the dog, having obtained a smile from her master, yielded to the magnetic power which the eye of man exerts over that of the lower animals. She uttered a low whine of timid affection and placed her fore paws on her beloved's shoulders with inimitable ease and grace of movement.

« À bas, Ophélia ! à bas ! »

Et le jeune homme adressa en anglais une grave réprimande au docile animal, qui, honteux et repentant, se traîna en rampant vers madame Delmare comme pour lui demander protection. Mais madame Delmare ne sortit point de sa rêverie, et laissa la tête d'Ophélia s'appuyer sur ses deux blanches mains, qu'elle tenait croisées sur son genou, sans lui accorder une caresse.

« Cette chienne est donc tout à fait installée au salon ? dit le colonel, secrètement satisfait de trouver un motif d'humeur pour passer le temps. Au chenil, Ophélia ! allons, dehors, sotte bête ! »

Si quelqu'un alors eût observé de près madame Delmare, il eût pu deviner, dans cette circonstance minime et vulgaire de sa vie privée, le secret douloureux de sa vie entière. Un frisson imperceptible parcourut son corps, et ses mains, qui soutenaient sans y penser la tête de l'animal favori, se crispèrent vivement autour de son cou rude et velu, comme pour le retenir et le préserver. M. Delmare, tirant alors son fouet de chasse de la poche de sa veste, s'avança d'un air menaçant vers la pauvre Ophélia, qui se coucha à ses pieds en fermant les yeux et laissant échapper d'avance des cris de douleur et de crainte. Madame Delmare devint plus pâle encore que de coutume ; son sein se gonfla convulsivement, et, tournant ses grands yeux bleus vers son mari avec une expression d'effroi indéfinissable :

« De grâce, Monsieur, lui dit-elle, ne la tuez pas ! »

Ce peu de mots firent tressaillir le colonel. Un sentiment de chagrin prit la place de ses velléités de colère.

« Ceci, Madame, est un reproche que je comprends fort bien, dit-il, et que vous ne m'avez pas épargné depuis le jour où j'ai eu la vivacité de tuer votre épagneul à la chasse. N'est-ce pas une grande perte ? Un chien qui forçait toujours l'arrêt, et qui s'emportait sur le gibier !

"Down, Ophelia, down!"

And the young man reproved the docile creature sternly in English, whereupon she crawled toward Madame Delmare, shamefaced and repentant, as if to implore her protection. But Madame Delmare did not emerge from her reverie, and allowed Ophelia's head to rest on her two white hands, as they lay clasped on her knee, without bestowing a caress upon her.

"Has that dog taken up her quarters in the salon for good?" said the colonel, secretly well-pleased to find a pretext for an outburst of ill-humor, to pass the time. "Be off to your kennel, Ophelia! Come, out with you, you stupid beast!"

If anyone had been watching Madame Delmare closely he could have divined, in that trivial and commonplace incident of her private life, the painful secret of her whole existence. An imperceptible shudder ran over her body, and her hands, in which she unconsciously held the favorite animal's head, closed nervously around her rough, hairy neck, as if to detain her and protect her. Whereupon Monsieur Delmare, drawing his hunting-crop from the pocket of his jacket, walked with a threatening air toward poor Ophelia, who crouched at his feet, closing her eyes, and whining with grief and fear in anticipation. Madame Delmare became even paler than usual; her bosom heaved convulsively, and, turning her great blue eyes upon her husband with an indescribable expression of terror, she said:

"In pity's name, monsieur, do not kill her!"

These few words gave the colonel a shock. A feeling of chagrin took the place of his angry impulse.

"That, madame, is a reproof which I understand very well," he said, "and which you have never spared me since the day that I killed your spaniel in a moment of passion while hunting. He was a great loss, was he not? A dog that was forever forcing the hunting and rushing

Quelle patience n'eût-il pas lassée ? Au reste, vous ne l'avez tant aimé que depuis sa mort ; auparavant vous n'y preniez pas garde ; mais maintenant que c'est pour vous l'occasion de me blâmer…

— Vous ai-je jamais fait un reproche ? dit madame Delmare avec cette douceur qu'on a par générosité avec les gens qu'on aime, et par égard pour soi-même avec ceux qu'on n'aime pas.

— Je ne dis pas cela, reprit le colonel sur un ton moitié père, moitié mari ; mais il y a dans les larmes de certaines femmes des reproches plus sanglants que dans toutes les imprécations des autres. Morbleu ! Madame, vous savez bien que je n'aime pas à voir pleurer autour de moi…

— Vous ne me voyez jamais pleurer, je pense.

— Eh ! ne vous vois-je pas sans cesse les yeux rouges ! C'est encore pis, ma foi ! »

Pendant cette conversation conjugale, le jeune homme s'était levé et avait fait sortir Ophélia avec le plus grand calme ; puis il revint s'asseoir vis-à-vis de madame Delmare, après avoir allumé une bougie et l'avoir placée sur le manteau de la cheminée.

Il y eut dans cet acte de pur hasard une influence subite sur les dispositions de M. Delmare. Dès que la bougie eut jeté sur sa femme une clarté plus égale et moins vacillante que celle du foyer, il remarqua l'air de souffrance et d'abattement qui, ce soir-là, était répandue sur toute sa personne, son attitude fatiguée, ses longs cheveux bruns pendants sur ses joues amaigries, et une teinte violacée sous ses yeux ternis et échauffés. Il fit quelques tours dans l'appartement ; puis, revenant à sa femme par une transition assez brusque :

after the game! Whose patience would he not have exhausted? Indeed, you were not nearly so fond of him until he was dead; before that you paid little attention to him; but now that he gives you a pretext for blaming me—"

"Have I ever reproached you?" said Madame Delmare in the gentle tone which we adopt from a generous impulse with those we love, and from self-esteem with those whom we do not love.

"I did not say that you had," rejoined the colonel in a half-paternal, half-conjugal tone; "but the tears of some women contain bitterer reproaches than the fiercest imprecations of others. *Morbleu!* madame, you know perfectly well that I hate to see people weeping about me."

"I do not think that you ever see me weep."

"Even so! don't I constantly see you with red eyes? On my word, that's even worse!"

During this conjugal colloquy the young man had risen and put Ophelia out of the room with the greatest tranquillity; then he returned to his seat opposite Madame Delmare after lighting a candle and placing it on the chimney-piece.

This act, dictated purely by chance, exerted a sudden influence upon Monsieur Delmare's frame of mind. As soon as the light of the candle, which was more uniform and steadier than that of the fire, fell upon his wife, he observed the symptoms of suffering and general prostration which were manifest that evening in her whole person: in her weary attitude, in the long brown hair falling over her emaciated cheeks and in the purple rings beneath her dull, inflamed eyes. He took several turns up and down the room, then returned to his wife and, suddenly changing his tone:

« *Comment vous trouvez-vous aujourd'hui, Indiana ? lui dit-il avec la maladresse d'un homme dont le cœur et le caractère sont rarement d'accord.*

— Comme à l'ordinaire ; je vous remercie, répondit-elle sans témoigner ni surprise ni rancune.

— Comme à l'ordinaire, ce n'est pas une réponse, ou plutôt c'est une réponse de femme, une réponse normande, qui ne signifie ni oui ni non, ni bien ni mal.

— Soit, je ne me porte ni bien ni mal.

— Eh bien ! reprit-il avec une nouvelle rudesse, vous mentez ; je sais que vous ne vous portez pas bien ; vous l'avez dit à sir Ralph ici présent. Voyons, en ai-je menti, moi ? Parlez, monsieur Ralph, vous l'a-t-elle dit ?

— Elle me l'a dit, » répondit le flegmatique personnage interpellé, *sans faire attention au regard de reproche que lui adressait Indiana.*

En ce moment, un quatrième personnage entra : c'était le factotum de la maison, ancien sergent du régiment de M. Delmare.

Il expliqua en peu de mots à M. Delmare qu'il avait ses raisons pour croire que des voleurs de charbon s'étaient introduits les nuits précédentes, à pareille heure dans le parc, et qu'il venait demander un fusil pour faire sa ronde avant de fermer les portes. M. Delmare, qui vit à cette aventure une tournure guerrière, prit aussitôt son fusil de chasse, en donna un autre à Lelièvre, et se disposa à sortir de l'appartement.

« Eh quoi ! dit madame Delmare avec effroi, vous tueriez un pauvre paysan pour quelques sacs de charbon ?

"How do you feel to-day, Indiana?" he said, with the stupidity of a man whose heart and temperament are rarely in accord.

"About as usual, thank you," she replied, with no sign of surprise or displeasure.

"'As usual' is no answer at all, or rather it's a woman's answer; a Norman answer, that means neither yes nor no, neither well nor ill."

"Very good; I am neither well nor ill."

"I say that you lie," he retorted with renewed roughness; "I know that you are not well; you have told Sir Ralph here that you are not. Tell me, isn't that the truth? Did she not tell you so, Monsieur Ralph?"

"She did," replied the phlegmatic individual addressed, paying no heed to the reproachful glance which Indiana bestowed upon him.

At that moment a fourth person entered the room: it was the factotum of the household, formerly a sergeant in Monsieur Delmare's regiment.

He explained briefly to Monsieur Delmare that he had his reasons for believing that charcoal thieves had been in the park the last few nights at the same hour, and that he had come to ask for a gun to take with him in making his nightly round before locking the gates. Monsieur Delmare, scenting powder in the adventure, at once took down his fowling-piece, gave Lelièvre another, and started to leave the room.

"What!" said Madame Delmare in dismay, "you would kill a poor peasant on account of a few bags of charcoal?"

— *Je tuerai comme un chien, répondit Delmare irrité de cette objection, tout homme que je trouverai la nuit à rôder dans mon enclos. Si vous connaissiez la loi, Madame, vous sauriez qu'elle m'y autorise.*

— *C'est une affreuse loi, reprit Indiana avec feu ; puis, réprimant aussitôt ce mouvement : Mais vos rhumatismes ? ajouta-t-elle d'un ton plus bas. Vous oubliez qu'il pleut et que vous souffrirez demain si vous sortez ce soir.*

— *Vous avez bien peur d'être obligée de soigner le vieux mari ! »* répondit Delmare en poussant la porte brusquement ; et il sortit en continuant de murmurer contre son âge et contre sa femme.

"I will shoot down like a dog," retorted Delmare, irritated by this remonstrance, "any man whom I find prowling around my premises at night. If you knew the law, madame, you would know that it authorizes me to do it."

"It is a horrible law," said Indiana, warmly. But she quickly repressed this impulse and added in a lower tone: "But your rheumatism? You forget that it rains, and that you will suffer for it to-morrow if you go out to-night."

"You are terribly afraid that you will have to nurse your old husband," replied Delmare, impatiently opening the door. And he left the room, still muttering about his age and his wife.

II.

Les deux personnages que nous venons de nommer, Indiana Delmare et sir Ralph, ou, si vous l'aimez mieux, M. Rodolphe Brown, restèrent vis-à-vis l'un de l'autre, aussi calmes, aussi froids que si le mari eût été entre eux deux. L'Anglais ne songeait nullement à se justifier, et madame Delmare sentait qu'elle n'avait pas de reproches sérieux à lui faire ; car il n'avait parlé qu'à bonne intention. Enfin, rompant le silence avec effort, elle le gronda doucement.

— Ce n'est pas bien, mon cher Ralph, lui dit-elle ; je vous avais défendu de répéter ces paroles échappées dans un moment de souffrance, et M. Delmare est le dernier que j'aurais voulu instruire de mon mal.

— Je ne vous conçois pas, ma chère, répondit sir Ralph ; vous êtes malade, et vous ne voulez pas vous soigner. Il fallait donc choisir entre la chance de vous perdre et la nécessité d'avertir votre mari ?

— Oui, dit madame Delmare avec un sourire triste, et vous avez pris le parti de prévenir l'autorité !

— Vous avez tort, vous avez tort, sur ma parole, de vous laisser aigrir ainsi contre le colonel ; c'est un homme d'honneur, un digne homme.

— Mais qui vous dit le contraire, sir Ralph ?...

— Eh ! vous-même, sans le vouloir. Votre tristesse, votre état maladif, et comme il le remarque lui-même, vos yeux rouges, disent à tout le monde et à toute heure que vous n'êtes pas heureuse...

— Taisez-vous, sir Ralph, vous allez trop loin. Je ne vous ai pas

II

The two personages whom we have mentioned, Indiana Delmare and Sir Ralph, or, if you prefer, Monsieur Rodolphe Brown, continued to face each other, as calm and cold as if the husband were standing between them. The Englishman had no idea of justifying himself, and Madame Delmare realized that she had no serious grounds for reproaching him, for he had spoken with no evil intention. At last, making an effort, she broke the silence and upbraided him mildly.

"That was not well done of you, my dear Ralph," she said. "I had forbidden you to repeat the words that I let slip in a moment of pain, and Monsieur Delmare is the last person in the world whom I should want told of my trouble."

"I can't understand you, my dear," Sir Ralph replied; "you are ill and you refuse to take care of yourself. I had to choose between the chance of losing you and the necessity of letting your husband know."

"Yes," said Madame Delmare, with a sad smile, "and you decided to *notify the authorities*."

"You are wrong, you are wrong, on my word, to allow yourself to inveigh so against the colonel; he is a man of honor, a worthy man."

"And who says that he's not, Sir Ralph?"

"Why, you do, without meaning to. Your depression, your ailing condition, and, as he himself observes, your red eyes, tell everybody every hour in the day that you are not happy."

"Hush, Sir Ralph, you go too far. I have never given you permission

permis de savoir tant de choses.

— Je vous fâche, je le vois ; que voulez-vous ! je ne suis pas adroit ; je ne connais pas les subtilités de votre langue, et puis j'ai beaucoup de rapports avec votre mari. J'ignore absolument comme lui, soit en anglais, soit en français, ce qu'il faut dire aux femmes pour les consoler. Un autre vous eût fait comprendre, sans vous la dire, la pensée que je viens de vous exprimer si lourdement ; il eût trouvé l'art d'entrer bien avant dans votre confiance sans vous laisser apercevoir ses progrès, et peut-être eût-il réussi à soulager un peu votre cœur, qui se raidit et se ferme devant moi. Ce n'est pas la première fois que je remarque combien, en France particulièrement, les mots ont plus d'empire que les idées. Les femmes surtout...

— Oh ! vous avez un profond dédain pour les femmes, mon cher Ralph. Je suis ici seule contre deux ; je dois donc me résoudre à n'avoir jamais raison.

— Donne-nous tort, ma chère cousine, en te portant bien, en reprenant ta gaieté, ta fraîcheur, ta vivacité d'autrefois ; rappelle-toi l'île Bourbon et notre délicieuse retraite de Bernica, et notre enfance si joyeuse, et notre amitié aussi vieille que toi...

— Je me rappelle aussi mon père... » dit Indiana en appuyant tristement sur cette réponse et en mettant sa main dans la main de sir Ralph.

Ils retombèrent dans un profond silence.

« Indiana, dit Ralph après une pause, le bonheur est toujours à notre portée. Il ne faut souvent qu'étendre la main pour s'en saisir. Que te manque-t-il ? Tu as une honnête aisance préférable à la richesse, un mari excellent qui t'aime de tout son cœur, et, j'ose le dire, un ami sincère et dévoué... »

to find out so much."

"I anger you, I see; but what would you have! I am not clever; I am not acquainted with the subtle distinctions of your language, and then, too, I resemble your husband in many ways. Like him I am utterly in the dark as to what a man must say to a woman, either in English or in French, to console her. Another man would have conveyed to your mind, without putting it in words, the idea that I have just expressed so awkwardly; he would have had the art to insinuate himself into your confidence without allowing you to detect his progress, and perhaps he would have succeeded in affording some relief to your heart, which puts fetters on itself and locks itself up before me. This is not the first time that I have noticed how much more influence words have upon women than ideas, especially in France. Women more than——"

"Oh! you have a profound contempt for women, my dear Ralph. I am alone here against two of you, so I must make up my mind never to be right."

"Put us in the wrong, my dear cousin, by recovering your health, your good spirits, your bloom, your animation of the old days; remember Ile Bourbon and that delightful retreat of ours, Bernica, and our happy childhood, and our friendship, which is as old as you are yourself."

"I remember my father, too," said Indiana, dwelling sadly upon the words and placing her hand in Sir Ralph's.

They relapsed into profound silence.

"Indiana," said Ralph, after a pause, "happiness is always within our reach. Often one has only to put out his hand to grasp it. What do you lack? You have modest competence, which is preferable to great wealth, an excellent husband, who loves you with all his heart, and, I dare to assert, a sincere and devoted friend."

Madame Delmare pressa faiblement la main de sir Ralph, mais elle ne changea pas d'attitude ; sa tête resta penchée sur son sein, et ses yeux humides attachés sur les magiques effets de la braise.

« Votre tristesse, ma chère amie, poursuivit sir Ralph, est un état purement maladif ; lequel de nous peut échapper au chagrin, au spleen ? Regardez au-dessous de vous, vous y verrez des gens qui vous envient avec raison. L'homme est ainsi fait, toujours il aspire à ce qu'il n'a pas... »

Je vous fais grâce d'une foule d'autres lieux communs que débita le bon sir Ralph d'un ton monotone et lourd comme ses pensées. Ce n'est pas que sir Ralph fût un sot, mais il était là tout à fait hors de son élément. Il ne manquait ni de bon sens ni de savoir ; mais consoler une femme, comme il l'avouait lui-même, était un rôle au-dessus de sa portée. Et cet homme comprenait si peu le chagrin d'autrui, qu'avec la meilleure volonté possible d'y porter remède, il ne savait y toucher que pour l'envenimer. Il sentait si bien sa gaucherie, qu'il se hasardait rarement à s'apercevoir des afflictions de ses amis ; et cette fois, il faisait des efforts inouïs pour remplir ce qu'il regardait comme le plus pénible devoir de l'amitié.

Quand il vit que madame Delmare ne l'écoutait qu'avec effort, il se tut, et l'on n'entendit plus que les mille petites voix qui bruissent dans le bois embrasé, le chant plaintif de la bûche qui s'échauffe et se dilate, le craquement de l'écorce qui se crispe avant d'éclater, et ces légères explosions phosphorescentes de l'aubier qui fait jaillir une flamme bleuâtre. De temps à autre, le hurlement d'un chien venait se mêler au faible sifflement de la bise qui se glissait dans les fentes de la porte et au bruit de la pluie qui fouettait les vitres. Cette soirée était une des plus tristes qu'eût encore passées madame Delmare dans son petit manoir de la Brie.

Madame Delmare pressed Sir Ralph's hand faintly, but she did not change her attitude; her head still hung forward on her breast and her tear-dimmed eyes were fixed on the magic effects produced by the embers.

"Your depression, my dear friend," continued Sir Ralph, "is due purely to physical causes; which one of us can escape disappointment, vexation? Look below you and you will see people who envy you, and with good reason. Man is so constituted that he always aspires to what he has not."

I spare you a multitude of other commonplaces which the excellent Sir Ralph put forth in a tone as monotonous and sluggish as his thoughts. It was not that Sir Ralph was a fool, but he was altogether out of his element. He lacked neither common sense nor shrewdness; but the rôle of consoler of women was, as he himself acknowledged, beyond his capacity. And this man had so little comprehension of another's grief, that with the best possible disposition to furnish a remedy, he could not touch it without inflaming it. He was so conscious of his awkwardness that he rarely ventured to take notice of his friend's sorrows; and on this occasion he made superhuman efforts to perform what he considered the most painful duty of friendship.

When he saw that Madame Delmare was obliged to make an effort to listen to him, he held his peace, and naught could be heard save the innumerable little voices whispering in the burning wood, the plaintive song of the log as it becomes heated and swells, the crackling of the bark as it curls before breaking, and the faint phosphorescent explosions of the alburnum, which emits a bluish flame. From time to time the baying of a dog mingled with the whistling of the wind through the cracks of the door and the beating of the rain against the windowpanes. That evening was one of the saddest that Madame Delmare had yet passed in her little manor-house in Brie.

Et puis je ne sais quelle attente vague pesait sur cette âme impressionnable et sur ses fibres délicates. Les êtres faibles ne vivent que de terreurs et de pressentiments. Madame Delmare avait toutes les superstitions d'une créole nerveuse et maladive ; certaines harmonies de la nuit, certains jeux de la lune lui faisaient croire à de certains événements, à de prochains malheurs, et la nuit avait pour cette femme rêveuse et triste un langage tout de mystères et de fantômes qu'elle seule savait comprendre et traduire suivant ses craintes et ses souffrances.

« Vous direz encore que je suis folle, dit-elle en retirant sa main que tenait toujours sir Ralph, mais je ne sais quelle catastrophe se prépare autour de nous. Il y a ici un danger qui pèse sur quelqu'un… sur moi, sans doute… ; mais… tenez, Ralph, je me sens émue comme à l'approche d'une grande phase de ma destinée… J'ai peur, ajouta-t-elle en frissonnant, je me sens mal. »

Et ses lèvres devinrent aussi blanches que ses joues. Sir Ralph effrayé, non des pressentiments de madame Delmare, qu'il regardait comme les symptômes d'une grande atonie morale, mais de sa pâleur mortelle, tira vivement la sonnette pour demander des secours. Personne ne vint, et Indiana s'affaiblissant de plus en plus, Ralph, épouvanté, l'éloigna du feu, la déposa sur une chaise longue, et courut au hasard, appelant les domestiques, cherchant de l'eau, des sels, ne trouvant rien, brisant toutes les sonnettes, se perdant à travers le dédale des appartements obscurs, et se tordant les mains d'impatience et de dépit contre lui-même.

Enfin l'idée lui vint d'ouvrir la porte vitrée qui donnait sur le parc, et d'appeler tour à tour Lelièvre et Noun, la femme de chambre créole de madame Delmare.

Quelques instants après, Noun accourut d'une des plus sombres allées du parc, et demanda vivement si madame Delmare se trouvait plus mal que de coutume.

Moreover, an indefinable vague feeling of suspense weighed upon that impressionable soul and its delicate fibres. Weak creatures live on alarms and presentiments. Madame Delmare had all the superstitions of a nervous, sickly Creole; certain nocturnal sounds, certain phases of the moon were to her unfailing presages of specific events, of impending misfortunes, and the night spoke to that dreamy, melancholy creature a language full of mysteries and phantoms which she alone could understand and translate according to her fears and her sufferings.

"You will say again that I am mad," she said, withdrawing her hand, which Sir Ralph still held, "but some disaster, I don't know what, is preparing to fall upon us. Some danger is impending over someone—myself, no doubt—but, look you, Ralph, I feel intensely agitated, as at the approach of a great crisis in my destiny. I am afraid," she added, with a shudder, "I feel faint."

And her lips became as white as her cheeks. Sir Ralph, terrified, not by Madame Delmare's presentiments, which he looked upon as symptoms of extreme mental exhaustion, but by her deathly pallor, pulled the bell-rope violently to summon assistance. No one came, and as Indiana grew weaker and weaker, Sir Ralph, more alarmed in proportion, moved her away from the fire, deposited her in a reclining chair, and ran through the house at random, calling the servants, looking for water or salts, finding nothing, breaking all the bell-ropes, losing his way in the labyrinth of dark rooms, and wringing his hands with impatience and anger against himself.

At last it occurred to him to open the glass door that led into the park, and to call alternately Lelièvre and Noun, Madame Delmare's Creole maid.

A few moments later Noun appeared from one of the dark paths in the park, and hastily inquired if Madame Delmare were worse than usual.

« *Tout à fait mal,* » *répondit sir Brown.*

Tous deux rentrèrent au salon et prodiguèrent leurs soins à madame Delmare évanouie, l'un avec tout le zèle d'un empressement inutile et gauche, l'autre avec l'adresse et l'efficacité d'un dévouement de femme.

Noun était la sœur de lait de madame Delmare ; ces deux jeunes personnes, élevées ensemble, s'aimaient tendrement. Noun, grande, forte, brillante de santé, vive, alerte, et pleine de sang créole ardent et passionné, effaçait de beaucoup, par sa beauté resplendissante, la beauté pâle et frêle de madame Delmare ; mais la bonté de leur cœur et la force de leur attachement étouffaient entre elles tout sentiment de rivalité féminine.

Lorsque madame Delmare revint à elle, la première chose qu'elle remarqua fut l'altération des traits de sa femme de chambre, le désordre de sa chevelure humide, et l'agitation qui se trahissait dans tous ses mouvements.

« *Rassure-toi donc, ma pauvre enfant, lui dit-elle avec bonté ; mon mal te brise plus que moi-même. Va, Noun, c'est à toi de te soigner ; tu maigris et tu pleures comme si ce n'était pas à toi de vivre ; ma bonne Noun, la vie est si joyeuse et si belle devant toi !* »

Noun pressa avec effusion la main de madame Delmare contre ses lèvres, et dans une sorte de délire jetant autour d'elle des regards effarés :

— Mon Dieu ! dit-elle, Madame, savez-vous pourquoi monsieur Delmare est dans le parc ?

— Pourquoi ? répéta Indiana perdant aussitôt le faible incarnat qui avait reparu sur ses joues, mais attends donc, je ne sais plus… Tu me fais peur ! Qu'y a-t-il donc ?

"She is really ill," replied Sir Ralph.

They returned to the salon and devoted themselves to the task of restoring the unconscious Madame Delmare, one with all the ardor of useless and awkward zeal, the other with the skill and efficacy of womanly affection.

Noun was Madame Delmare's foster-sister; the two young women had been brought up together and loved each other dearly. Noun was tall and strong, glowing with health, active, alert, overflowing with ardent, passionate creole blood; and she far outshone with her resplendent beauty the frail and pallid charms of Madame Delmare; but the tenderness of their hearts and the strength of their attachment killed every feeling of feminine rivalry.

When Madame Delmare recovered consciousness, the first thing that she observed was the unusual expression of her maid's features, the damp and disordered condition of her hair and the excitement which was manifest in her every movement.

"Courage, my poor child," she said kindly; "my illness is more disastrous to you than to myself. Why, Noun, you are the one to take care of yourself; you are growing thin and weeping as if it were not your destiny to live; dear Noun, life is so bright and fair before you!"

Noun pressed Madame Delmare's hand to her lips effusively, and said, in a sort of frenzy, glancing wildly about the room:

"*Mon Dieu!* madame, do you know why Monsieur Delmare is in the park?"

"Why?" echoed Indiana, losing instantly the faint flush that had reappeared on her cheeks. "Wait a moment—I don't know—You frighten me! What is the matter, pray?"

— *Monsieur Delmare, répondit Noun d'une voix entrecoupée, prétend qu'il y a des voleurs dans le parc. Il fait sa ronde avec Lelièvre, tous deux armés de fusils…*

— *Eh bien ? dit Indiana, qui semblait attendre quelque affreuse nouvelle.*

— *Eh bien ! Madame, reprit Noun en joignant les mains avec égarement, n'est-ce pas affreux de songer qu'ils vont tuer un homme ?…*

— *Tuer ! s'écria madame Delmare en se levant avec la terreur crédule d'un enfant alarmé par les récits de sa bonne.*

—*Ah ! oui, ils le tueront, dit Noun avec des sanglots étouffés.*

— *Ces deux femmes sont folles, pensa sir Ralph, qui regardait cette scène étrange d'un air stupéfait. D'ailleurs, ajouta-t-il en lui-même, toutes les femmes le sont.*

— *Mais, Noun, que dis-tu là ? reprit madame Delmare ; est-ce que tu crois aux voleurs ?*

— *Oh ! si c'étaient des voleurs ! mais quelque pauvre paysan peut-être, qui vient dérober une poignée de bois pour sa famille.*

— *Oui, ce serait affreux, en effet !… Mais ce n'est pas probable ; à l'entrée de la forêt de Fontainebleau, et lorsqu'on peut si facilement y dérober du bois, ce n'est pas dans un parc fermé de murs qu'on viendrait s'exposer… Bah ! M. Delmare ne trouvera personne dans le parc ; rassure-toi donc…*

Mais Noun n'écoutait pas ; elle allait de la fenêtre du salon à la chaise longue de sa maîtresse, elle épiait le moindre bruit, elle semblait partagée entre l'envie de courir après M. Delmare et celle de rester auprès de la malade.

"Monsieur Delmare declares that there are thieves in the park," replied Noun in a broken voice. "He is making the rounds with Lelièvre, both armed with guns."

"Well?" said Indiana, apparently expecting some shocking news.

"Why, madame," rejoined Noun, clasping her hands frantically, "isn't it horrible to think that they are going to kill a man?"

"Kill a man!" cried Madame Delmare, springing to her feet with the terrified credulity of a child frightened by it's nurse's tales.

"Ah! yes, they will kill him," said Noun, stifling her sobs.

"These two women are mad," thought Sir Ralph, who was watching this strange scene with a bewildered air. "Indeed," he added mentally, "all women are."

"But why do you say that, Noun," continued Madame Delmare; "do you believe that there are any thieves there?"

"Oh! if they were really thieves! but some poor peasant perhaps, who has come to pick up a handful of wood for his family!"

"Yes, that would be ghastly, as you say! But it is not probable; right at the entrance to Fontainebleau forest, when it is so easy to steal wood there, nobody would take the risk of a park enclosed by walls. Bah! Monsieur Delmare won't find anybody in the park, so don't you be afraid."

But Noun was not listening; she walked from the window to her mistress's chair, her ears strained to catch the slightest sound; she seemed torn between the longing to run after Monsieur Delmare and the desire to remain with the invalid.

Son anxiété parut si étrange, si déplacée à M. Brown, qu'il sortit de sa douceur habituelle, et, lui pressant fortement le bras :

« Vous avez donc perdu l'esprit tout à fait ? lui dit-il ; ne voyez-vous pas que vous épouvantez votre maîtresse, et que vos sottes frayeurs lui font un mal affreux ? »

Noun ne l'avait pas entendu ; elle avait tourné les yeux vers sa maîtresse, qui venait de tressaillir sur sa chaise comme si l'ébranlement de l'air eût frappé ses sens d'une commotion électrique. Presque au même instant le bruit d'un coup de fusil fit trembler les vitres du salon, et Noun tomba sur ses genoux.

— Quelles misérables terreurs de femmes ! s'écria sir Ralph, fatigué de leur émotion ; tout à l'heure on va vous apporter en triomphe un lapin tué à l'affût, et vous rirez de vous-mêmes.

— Non, Ralph, dit madame Delmare en marchant d'un pas ferme vers la porte, je vous dis qu'il y a du sang humain répandu. »

Noun jeta un cri perçant et tomba sur le visage.

On entendit alors la voix de Lelièvre qui criait du côté du parc :

« Il y est ! il y est ! Bien ajusté, mon colonel ! le brigand est par terre !... »

Sir Ralph commença à s'émouvoir. Il suivit madame Delmare. Quelques instants après on apporta sous le péristyle de la maison un homme ensanglanté et ne donnant aucun signe de vie.

« Pas tant de bruit ! pas tant de cris ! disait avec une gaieté rude le colonel à tous ses domestiques effrayés qui s'empressaient autour du blessé ; ceci n'est qu'une plaisanterie, mon fusil n'était chargé que de sel. Je crois même que je ne l'ai pas touché ; il est tombé de peur.

Her anxiety seemed so strange, so uncalled-for to Monsieur Brown, that he laid aside his customary mildness of manner, and said, grasping her arm roughly:

"Have you lost your wits altogether? don't you see that you frighten your mistress and that your absurd alarms have a disastrous effect upon her?"

Noun did not hear him; she had turned her eyes upon her mistress, who had just started on her chair as if the concussion of the air had imparted an electric shock to her senses. Almost at the same instant the report of a gun shook the windows of the salon, and Noun fell upon her knees.

"What miserable woman's terrors!" cried Sir Ralph, worn out by their emotion; "in a moment a dead rabbit will be brought to you in triumph, and you will laugh at yourselves."

"No, Ralph," said Madame Delmare, walking with a firm step toward the door, "I tell you that human blood has been shed."

Noun uttered a piercing shriek and fell upon her face.

The next moment they heard Lelièvre's voice in the park:

"He's there! he's there! Well aimed, my colonel! the brigand is down!"

Sir Ralph began to be excited. He followed Madame Delmare. A few moments later a man covered with blood and giving no sign of life was brought under the peristyle.

"Not so much noise! less shrieking!" said the colonel with rough gayety to the terrified servants who crowded around the wounded man; "this is only a joke; my gun was loaded with nothing but salt. Indeed I don't think I touched him; he fell from fright."

Mais ce sang, Monsieur.

— *Mais ce sang, Monsieur, dit madame Delmare d'un ton de profond reproche, est-ce la peur qui le fait couler ?*

— *Pourquoi êtes-vous ici, Madame ? s'écria M. Delmare, que faites-vous ici ?*

"But what about this blood, monsieur?" said Madame Delmare in a profoundly reproachful tone, "was it fear that caused it to flow?"

"Why are you here, madame?" cried Monsieur Delmare, "what are you doing here?"

— *J'y viens pour réparer, comme c'est mon devoir, le mal que vous faites, Monsieur, »* répondit-elle froidement.

Et s'avançant vers le blessé avec un courage dont aucune des personnes présentes ne s'était encore sentie capable, elle approcha une lumière de son visage.

Alors, au lieu des traits et de vêtements ignobles qu'on s'attendait à voir, on trouva un jeune homme de la plus noble figure, et vêtu avec recherche, quoique en habit de chasse. Il avait une main blessée assez légèrement, mais ses vêtements déchirés et son évanouissement annonçaient une chute grave.

« Je le crois bien ! dit Lelièvre ; il est tombé de vingt pieds de haut. Il enjambait le sommet du mur quand le colonel l'a ajusté, et quelques grains de petit plomb ou de sel dans la main droite l'auront empêché de prendre son appui. Le fait est que je l'ai vu rouler, et qu'arrivé en bas il ne songeait guère à se sauver, le pauvre diable !

— Est-ce croyable, dit une femme de service, qu'on s'amuse à voler quand on est couvert *si proprement ?*

— Et ses poches sont pleines d'or ! dit un autre qui avait détaché le gilet du prétendu voleur.

— Cela est étrange, dit le colonel, qui regardait, non sans une émotion profonde, l'homme étendu devant lui. Si cet homme est mort, ce n'est pas ma faute ; examinez sa main, Madame, et, si vous y trouvez un grain de plomb…

— J'aime à vous croire, monsieur, répondit madame Delmare, qui, avec un sang-froid et une force morale dont personne ne l'eût crue capable, examinait attentivement le pouls et les artères du cou. Aussi bien, ajouta-t-elle, il n'est pas mort, et de prompts secours lui sont nécessaires. Cet homme n'a pas l'air d'un voleur et mérite peut-être

"I have come to repair the harm that you have done, as it is my duty to do," replied Madame Delmare coldly.

She walked up to the wounded man with a courage of which no one of the persons present had as yet felt capable, and held a light to his face.

Thereupon, instead of the plebeian features and garments which they expected to see, they discovered a young man with noble features and fashionably dressed, albeit in hunting costume. He had a trifling wound on one hand, but his torn clothes and his swoon indicated a serious fall.

"I should say as much!" said Lelièvre; "he fell from a height of twenty feet. He was just putting his leg over the wall when the colonel fired, and a few grains of small shot or salt in the right hand prevented his getting a hold. The fact is, I saw him fall, and when he got to the bottom he wasn't thinking much about running away, poor devil!"

"Would any one believe," said one of the female servants, "that a man so nicely dressed would amuse himself by stealing?"

"And his pockets are full of money!" said another, who had unbuttoned the supposed thief's waistcoat.

"It is very strange," said the colonel, gazing, not without emotion, at the man stretched out before him. "If the man is dead it's not my fault; examine his hand, madame, and see if you can find a particle of lead in it."

"I prefer to believe you, monsieur," replied Madame Delmare, who, with a self-possession and moral courage of which no one would have deemed her capable, was closely scrutinizing his pulse and the arteries of his neck. "Certainly," she added, "he is not dead, and he requires speedy attention. The man hasn't the appearance of a thief

des soins ; et lors même qu'il n'en mériterait pas, notre devoir, à nous autres femmes, est de lui en accorder. »

Alors madame Delmare fit transporter le blessé dans la salle de billard, qui était la plus voisine. On jeta un matelas sur quelques banquettes, et Indiana, aidée de ses femmes, s'occupa de panser la main malade, tandis que sir Ralph, qui avait des connaissances en chirurgie, pratiqua une abondante saignée.

Pendant ce temps, le colonel, embarrassé de sa contenance, se trouvait dans la situation d'un homme qui s'est montré plus méchant qu'il n'avait l'intention de l'être. Il sentait le besoin de se justifier aux yeux des autres, ou plutôt de se faire justifier par les autres aux siens propres. Il était donc resté sous le péristyle au milieu de ses serviteurs, se livrant avec eux aux longs commentaires si chaudement prolixes et si parfaitement inutiles qu'on fait toujours après l'événement. Lelièvre avait déjà expliqué vingt fois, avec les plus minutieux détails, le coup de fusil, la chute et ses résultats, tandis que le colonel, redevenu bonhomme au milieu des siens, ainsi qu'il l'était toujours après avoir satisfait sa colère, incriminait les intentions d'un homme qui s'introduit dans une propriété particulière, la nuit, par-dessus les murs. Chacun était de l'avis du maître, lorsque le jardinier, le tirant doucement à part, l'assura que le voleur ressemblait comme deux gouttes d'eau de vin blanc à un jeune propriétaire récemment installé dans le voisinage, et qu'il avait vu parler à mademoiselle Noun trois jours auparavant, à la fête champêtre de Rubelles.

Ces renseignements donnèrent un autre cours aux idées de M. Delmare ; son large front, luisant et chauve, se sillonna d'une grosse veine dont le gonflement était chez lui le précurseur de l'orage.

« Morbleu ! se dit-il en serrant les poings, madame Delmare prend bien de l'intérêt à ce godelureau qui pénètre chez moi par-dessus les murs ! »

Et il entra dans la salle de billard, pâle et frémissant de colère.

and perhaps he deserves our care; even if he does not deserve it, our duty calls upon us women to care for him none the less."

Thereupon Madame Delmare ordered the wounded man to be carried to the billiard room, which was nearest. A mattress was placed on several chairs, and Indiana, assisted by her women, busied herself in dressing the wounded hand, while Sir Ralph, who had some surgical knowledge, drew a large quantity of blood from him.

Meanwhile, the colonel, much embarrassed, found himself in the position of a man who has shown more ill-temper than he intended to show. He felt the necessity of justifying himself in the eyes of the others, or rather of making them justify him in his own eyes. So he had remained under the peristyle, surrounded by his servants, and indulging with them in the excited, prolix and perfectly useless disquisitions which are always forthcoming after the event. Lelièvre had already explained twenty times, with the most minute details, the shot, the fall and its results, while the colonel, who had recovered his good-nature among his own people, according to his custom, after giving way to his anger, impeached the purposes of a man who entered private property in the night-time over the wall. Every one agreed with the master, when the gardener, quietly leading him aside, assured him that the thief was the living image of a young land-owner who had recently settled in the neighborhood, and whom he had seen talking with Mademoiselle Noun three days before at the rustic fête at Rubelles.

This information gave a different turn to Monsieur Delmare's ideas; on his ample forehead, bald and glistening, appeared a huge swollen vein, which was always the precursor of a tempest.

"Morbleu!" he said, clenching his fists, "Madame Delmare takes a deal of interest in this puppy, who sneaks into my park over the wall!"

And he entered the billiard room, pale and trembling with wrath.

III.

« **R**assurez-vous, Monsieur, lui dit Indiana ; l'homme que vous avez tué se portera bien dans quelques jours ; du moins nous l'espérons, quoique la parole ne lui soit pas encore revenue...

— Il ne s'agit pas de cela, Madame, dit le colonel d'une voix concentrée ; il s'agit de me dire le nom de cet intéressant malade, et par quelle distraction il a pris le mur de mon parc pour l'avenue de ma maison.

— Je l'ignore absolument, » répondit madame Delmare avec une froideur si pleine de fierté que son terrible époux en fut comme étourdi un instant ; mais revenant bien vite à ses soupçons jaloux :

— Je le saurai, Madame, lui dit-il à demi-voix ; soyez bien sûre que je le saurai... »

Alors, comme madame Delmare feignait de ne pas remarquer sa fureur, et continuait à donner des soins au blessé, il sortit pour ne pas éclater devant ses femmes, et rappela le jardinier.

« Comment s'appelle cet homme, qui ressemble, dis-tu, à notre larron ?

— M. de Ramière. C'est lui qui vient d'acheter la petite maison anglaise de M. de Cercy.

— Quel homme est-ce ? un noble, un fat, un beau monsieur ?

— Un très-beau monsieur, un noble, je crois...

III

"You may be reassured, monsieur," said Indiana; "the man you killed will be quite well in a few days; at least we hope so, although he is not yet able to talk."

"That's not the question, madame," said the colonel, in a voice that trembled with suppressed passion; "I insist upon knowing the name of this interesting patient of yours, and how it came about that he mistook the wall of my park for the avenue to my house."

"I have absolutely no idea," replied Madame Delmare with such a cold and haughty air that her redoubtable spouse was bewildered for an instant. But his jealous suspicions soon regained the upper hand.

"I shall find out, madame," he said in an undertone; "you may be sure that I shall find out."

Thereupon, as Madame Delmare pretended not to notice his rage and continued her attentions to the wounded man, he left the room, in order not to explode before the women, and recalled the gardener.

"What is the name of the man who, you say, resembles our prowler?"

"Monsieur de Ramière. It is he who has just bought Monsieur de Cercy's little English house."

"What sort of man is he? a nobleman, a fop, a fine gentleman?"

"A fine gentleman, monsieur; noble, I think."

Noun.

— *Cela doit être, reprit le colonel avec emphase, M. de Ramière ?
Dis-moi, Louis, ajouta-t-il en parlant bas, n'as-tu jamais vu ce fat
rôder autour d'ici ?*

"Undoubtedly," rejoined the colonel with emphasis. "Monsieur de Ramière! Tell me, Louis," he added, lowering his voice, "have you ever seen this fop prowling about here?"

— *Monsieur... la nuit dernière... répondit Louis embarrassé, j'ai vu certainement... pour dire que ce soit un fat, je n'en sais rien ; mais, à coup sûr, c'était un homme.*

— *Et tu l'as vu ?*

— *Comme je vous vois, sous les fenêtres de l'orangerie.*

— *Et tu n'es pas tombé dessus avec le manche de ta pelle ?*

— *Monsieur, j'allais le faire ; mais j'ai vu une femme en blanc qui sortait de l'orangerie et qui venait à lui. Alors je me suis dit : C'est peut-être monsieur et madame qui ont pris la fantaisie de se promener avant le jour, et je suis revenu me coucher. Mais ce matin, j'ai entendu Lelièvre qui parlait d'un voleur dont il aurait vu les traces dans le parc, et je me suis dit : Il y a quelque chose là-dessous.*

— *Et pourquoi ne m'as-tu pas averti sur-le-champ, maladroit ?*

— *Dame ! Monsieur, il y a des* arguments si délicates *dans la vie...*

— *J'entends, tu te permets d'avoir des doutes. Tu es un sot ; s'il t'arrive jamais d'avoir une idée insolente de cette sorte, je te coupe les oreilles. Je sais fort bien qui est ce larron et ce qu'il venait chercher dans mon jardin. Je ne t'ai fait toutes ces questions que pour voir de quelle manière tu gardais ton orangerie. Songe que j'ai là des plantes rares auxquelles madame tient beaucoup, et qu'il y a des amateurs assez fous pour venir voler dans les serres de leurs voisins ; c'est moi que tu as vu la nuit dernière avec madame Delmare. »*

Et le pauvre colonel s'éloigna plus tourmenté, plus irrité qu'auparavant, laissant son jardinier fort peu convaincu qu'il existât des horticulteurs fanatiques au point de s'exposer à un coup de fusil pour s'approprier une marcotte ou une bouture.

"Last night, monsieur," Louis replied, with an embarrassed air, "I certainly saw—as to its being a fop, I can't say, but it was a man, sure enough."

"And you saw him?"

"As plainly as I see you, under the windows of the orangery."

"And you didn't fall upon him with the handle of your shovel?"

"I was just going to do it, monsieur; but I saw a woman in white come out of the orangery and go to meet him. At that I said to myself: 'Perhaps it's monsieur and madame, who have taken a fancy to walk a bit before daybreak;' and I went back to bed. But this morning I heard Lelièvre talking about a thief whose tracks he had seen in the park, and I said to myself: 'There's something under this.'"

"And why didn't you tell me immediately, stupid?"

"*Dame!* monsieur, there are some things in life that are *so delicate!*"

"I understand—you presume to have doubts. You are a fool; if you ever have another insolent idea of this sort I'll cut off your ears. I know very well who the thief is and why he came into the garden. I have put all these questions to you simply to find out what care you take of your orangery. Remember that I have some rare plants there that madame sets great store by, and that there are collectors who are insane enough to rob their neighbors' hothouses; it was I whom you saw last night with Madame Delmare."

And the poor colonel walked away, more tormented, more exasperated than before, leaving his gardener far from convinced that there are horticulturists fanatical enough to risk a bullet in order to purloin a shoot or a cutting.

M. Delmare rentra dans le billard, et, sans faire attention aux marques de connaissance que donnait enfin le blessé, il s'apprêtait à fouiller les poches de sa veste étalée sur une chaise, lorsque celui-ci, allongeant le bras, lui dit d'une voix faible :

« Vous désirez savoir qui je suis, Monsieur ; c'est inutile. Je vous le dirai quand nous serons seuls ensemble. Jusque-là, épargnez-moi l'embarras de me faire connaître dans la situation ridicule et fâcheuse où je suis placé.

— Cela est vraiment bien dommage ! répondit le colonel aigrement ; mais je vous avoue que j'y suis peu sensible. Cependant, comme j'espère que nous nous reverrons tête à tête, je veux bien différer jusque-là notre connaissance. En attendant, voulez-vous bien me dire où je dois vous faire transporter ?

— Dans l'auberge du plus prochain village, si vous le voulez bien.

— Mais monsieur n'est pas en état d'être transporté ! dit vivement madame Delmare ; n'est-il pas vrai, Ralph ?

— L'état de monsieur vous affecte beaucoup trop, Madame, dit le colonel. Sortez, vous autres, dit-il aux femmes de service. Monsieur se sent mieux, et il aura la force maintenant de m'expliquer sa présence chez moi.

— Oui, Monsieur, répondit le blessé, et je prie toutes les personnes qui ont eu la bonté de me donner des soins de vouloir bien entendre l'aveu de ma faute. Je sens qu'il importe beaucoup ici qu'il n'y ait pas de méprise sur ma conduite, et il m'importe à moi-même de ne pas passer pour ce que je ne suis pas. Sachez donc quelle supercherie m'amenait chez vous. Vous avez établi, Monsieur, par des moyens extrêmement simples et connus de vous seulement, une usine dont le travail et les produits surpassent infiniment ceux de toutes les fabriques de ce genre élevées dans le pays. Mon frère possède dans le

Monsieur Delmare returned to the billiard-room and, paying no heed to the symptoms of returning consciousness which the wounded man displayed at last, he was preparing to search the pockets of his jacket which lay on a chair, when he put out his hand and said in a faint voice:

"You wish to know who I am, monsieur, but it is useless. I will tell you when we are alone. Until then spare me the embarrassment of making myself known in my present disagreeable and absurd position."

"It is a great pity in truth!" retorted the colonel sourly; "but I confess that I hardly appreciate it. However, as I trust that we shall meet again, and alone, I consent to defer an acquaintance until then. Meanwhile will you kindly tell me where I shall have you taken."

"To the public house in the nearest village, if you please."

"But monsieur is no condition to be moved, is he, Ralph?" said Madame Delmare hastily.

"Monsieur's condition affects you far too much, madame," said the colonel. "Leave the room, all of you," he said to the women in attendance. "Monsieur feels better, and he will find strength now to explain his presence on my premises."

"Yes, monsieur," rejoined the wounded man, "and I beg all those who have been kind enough to bestow any care upon me to listen to my acknowledgment of my misconduct. I feel that is of much importance that there should be no misunderstanding here of my motives, and it is of importance to myself that I should not be deemed what I am not. Let me tell you then what rascally scheme brought me to your park. You have installed, monsieur, by methods of extreme simplicity, known to you alone, a factory which is immeasurably superior to all similar factories in the province, both in respect to its processes and

midi de la France un établissement à peu près semblable, mais dont l'entretien absorbe des fonds immenses. Ses opérations devenaient désastreuses, lorsque j'ai appris le succès des vôtres ; alors je me suis promis de venir vous demander quelques conseils, comme un généreux service qui ne pourrait nuire à vos intérêts, mon frère exploitant des denrées d'une tout autre nature. Mais la porte de votre jardin anglais m'a été rigoureusement fermée ; et, lorsque j'ai demandé à m'adresser à vous, on m'a répondu que vous ne me permettriez pas même de visiter votre établissement. Rebuté par ces refus désobligeants, je résolus alors, au péril même de ma vie et de mon honneur, de sauver l'honneur et la vie de mon frère : je me suis introduit chez vous la nuit par-dessus les murs, et j'ai tâché de pénétrer dans l'intérieur de la fabrique afin d'en examiner les rouages. J'étais déterminé à me cacher dans un coin, à séduire les ouvriers, à voler votre secret, en un mot, pour en faire profiter un honnête homme sans vous nuire. Telle était ma faute. Maintenant, Monsieur, si vous exigez une autre réparation que celle que vous venez de vous faire, aussitôt que j'en aurai la force, je suis prêt à vous l'offrir, et peut-être à vous la demander.

— Je crois que nous devons nous tenir quittes, Monsieur, répondit le colonel à demi soulagé d'une grande anxiété. Soyez témoins, vous autres, de l'explication que monsieur m'a donnée. Je suis beaucoup trop vengé, en supposant que j'aie besoin d'une vengeance. Sortez maintenant, et laissez-nous causer de mon exploitation avantageuse. »

Les domestiques sortirent ; mais eux seuls furent dupes de cette réconciliation. Le blessé, affaibli par son long discours, ne put apprécier le ton des dernières paroles du colonel. Il retomba sur les bras de madame Delmare, et perdit connaissance une seconde fois. Celle-ci, penchée sur lui, ne daigna pas lever les yeux sur la colère de son mari, et les deux figures si différentes de M. Delmare et de M. Brown, l'une pâle et contractée par le dépit, l'autre calme et insignifiante comme à l'ordinaire, s'interrogèrent en silence.

its product. My brother owns a very similar establishment in the south of France, but the cost of running it is enormous. His business was approaching shipwreck when I learned of the success of your venture; whereupon I determined to come and ask you to give me advice on certain points,—a generous service which could not possibly injure your own interests, as my brother's output is of an entirely different nature from yours. But the gate of your English garden was rigorously closed to me; and when I asked for an interview with you, I was told that you would not even allow me to look over your establishment. Repelled by these discourteous refusals, I determined to save my brother's life and honor even at the peril of my own; I entered your premises at night by scaling the wall, and tried to obtain entrance to the factory in order to examine the machinery. I had determined to hide in a corner; to bribe your workmen, to steal your secret,—in a word, to enable an honest man to profit by it without injuring you. Such was my crime. Now, monsieur, if you demand any other reparation than that which you have just taken, I am ready to offer it to you as soon as I am strong enough; indeed, I may perhaps demand it."

"I think that we should cry quits, monsieur," replied the colonel, half relieved from a great anxiety. "Take notice, all of you, of the explanation monsieur has given me. I am over-avenged, assuming that I require any revenge. Go now and leave us to discuss my profitable business operations."

The servants left the room; but they alone were deceived by this reconciliation. The wounded man, weakened by his long speech, was not capable of appreciating the tone of the colonel's last words. He fell back into Madame Delmare's arms and lost consciousness a second time. She leaned over him, not deigning to raise her eyes to her angry husband, and the two strikingly contrasted faces of Monsieur Delmare and Monsieur Brown, the one pale and distorted by anger, the other calm and expressionless as usual, questioned each other in silence.

M. Delmare n'avait pas besoin de dire un mot pour se faire comprendre ; cependant il tira sir Ralph à l'écart, et lui dit en lui brisant les doigts :

« Mon ami, c'est une intrigue admirablement tissue ! Je suis content, parfaitement content de l'esprit avec lequel ce jeune homme a su préserver mon honneur aux yeux de mes gens. Mais, mordieu ! il me paiera cher l'affront que je ressens au fond du cœur. Et cette femme qui le soigne et qui fait semblant de ne le pas connaître ! Ah ! comme la ruse est innée chez ces êtres-là !... »

Sir Ralph, atterré, fit méthodiquement trois tours dans la salle. À son premier tour, il tira cette conclusion, invraisemblable ; au second, impossible ; au troisième, prouvé. Puis, revenant au colonel avec sa figure glaciale, il lui montra du doigt Noun, qui se tenait debout derrière le malade, les mains tordues, les yeux hagards, les joues livides, et dans l'immobilité du désespoir, de la terreur et de l'égarement.

Il y a dans une découverte réelle une puissance de conviction si prompte, si envahissante, que le colonel fut plus frappé du geste énergique de sir Ralph qu'il ne l'eût été de l'éloquence la plus habile. M. Brown avait sans doute plus d'un moyen de se mettre sur la voie ; il venait de se rappeler la présence de Noun dans le parc au moment où il l'avait cherchée, ses cheveux mouillés, sa chaussure humide et fangeuse, qui attestaient une étrange fantaisie de promenade pendant la pluie, menus détails qui l'avaient médiocrement frappé au moment où madame Delmare s'était évanouie, mais qui maintenant lui revenaient en mémoire. Puis cet effroi bizarre qu'elle avait témoigné, cette agitation convulsive, et le cri qui lui était échappé en entendant le coup de fusil...

M. Delmare n'eut pas besoin de toutes ces indications ; plus pénétrant, parce qu'il était plus intéressé à l'être, il n'eut qu'à examiner la contenance de cette fille pour voir qu'elle seule était coupable. Cependant l'assiduité de sa femme auprès du héros de cet

Monsieur Delmare did not need to say a word to make himself understood; however he drew Sir Ralph aside and said, crushing his fingers in his grasp:

"This is an admirably woven intrigue, my friend. I am delighted, perfectly delighted with this young fellow's quick wit, which enabled him to save my honor in the eyes of my servants. But, *mordieu!* he shall pay dear for the insult, which I feel in the depths of my heart. And that woman nursing him, who pretends not to know him! Ah! how true it is that cunning is inborn in those creatures!"

Sir Ralph, utterly nonplussed, walked methodically up and down the room three times. At his first turn he drew the conclusion: *improbable*; at the second: *impossible*; at the third: *proven*. Then, returning with his impassive face to the colonel, he pointed to Noun, who was standing behind the wounded man, wringing her hands, with haggard eyes and livid cheeks, in the immobility of despair, terror and misery.

A real discovery carries with it such a power of swift and overwhelming conviction, that the colonel was more impressed by Sir Ralph's emphatic gesture than he would have been by the most persuasive eloquence. Doubtless Sir Ralph had more than one means of striking the right scent; he recalled the fact that Noun was in the park when he called her, her wet hair, her damp, muddy shoes, which testified to a strange fancy for walking abroad in the rain—trivial details which had made but slight impression on him at the time that Madame Delmare fainted, but which recurred to his memory now. Then, too, the extraordinary terror she had manifested, her convulsive agitation, and the cry she had uttered when she heard the shot.

Monsieur Delmare did not require all this evidence; being more penetrating because he had more interest in the matter, he had only to look at the girl's face to see that she alone was guilty. But his wife's assiduity in ministering to the hero of this amorous adventure became

exploit galant lui déplaisait de plus en plus.

« Indiana, lui dit-il, retirez-vous. Il est tard, et vous n'êtes pas bien. Noun restera auprès de monsieur pour le soigner cette nuit, et demain, s'il est mieux, nous aviserons au moyen de le faire transporter chez lui. »

Il n'y avait rien à répondre à cet accommodement inattendu. Madame Delmare, qui savait si bien résister à la violence de son mari, cédait toujours à sa douceur. Elle pria sir Ralph de rester encore un peu auprès du malade, et se retira dans sa chambre.

Ce n'était pas sans intention que le colonel avait arrangé les choses ainsi. Une heure après, lorsque tout le monde fut couché et la maison silencieuse, il se glissa doucement dans la salle occupée par M. de Ramière, et, caché derrière un rideau, il put se convaincre, à l'entretien du jeune homme avec la femme de chambre, qu'il s'agissait entre eux d'une intrigue amoureuse. La beauté peu commune de la jeune créole avait fait sensation dans les bals champêtres des environs. Les hommages ne lui avaient pas manqué, même parmi les premiers du pays. Plus d'un bel officier de lanciers en garnison à Melun s'était mis en frais pour lui plaire ; mais Noun en était à son premier amour, et une seule attention l'avait flattée : c'était celle de M. de Ramière.

Le colonel Delmare était peu désireux de suivre le développement de leur liaison ; aussi se retira-t-il dès qu'il fut bien assuré que sa femme n'avait pas occupé un instant l'Almaviva de cette aventure. Néanmoins, il en entendit assez pour comprendre la différence de cet amour entre la pauvre Noun, qui s'y jetait avec toute la violence de son organisation ardente, et le fils de famille qui s'abandonnait à l'entraînement d'un jour sans abjurer le droit de reprendre sa raison le lendemain.

more and more distasteful to him.

"Leave us, Indiana," he said. "It is late and you are not well. Noun will remain with monsieur to take care of him during the night, and to-morrow, if he is better, we will see about having him taken home."

There was nothing to say in reply to this unexpected complaisance. Madame Delmare, who was so determined in her resistance to her husband's violence, always yielded to his milder moods. She requested Sir Ralph to remain a little longer with the patient, and withdrew to her bedroom.

Not without ulterior motives had the colonel arranged things thus. An hour later, when everybody had gone to bed and the house was still, he stole softly into the room where Monsieur de Ramière lay, and, hiding behind a curtain, was speedily convinced, by the young man's conversation with the lady's-maid, that an amorous intrigue between the two was in progress. The young creole's unusual beauty had created a sensation at the rustic balls in the neighborhood. She had not lacked offers of homage, even from members of some of the first families of the province. More than one handsome officer of lancers, in garrison at Melun, had put himself out to please her; but Noun was still to have her first love affair, and only one of her suitors had succeeded in pleasing her: Monsieur de Ramière.

Colonel Delmare was by no means desirous of following the development of their liaison; so he retired as soon as he had made sure that his wife had not for an instant occupied the thoughts of the Almaviva of this adventure. He heard enough of it, however, to realize the difference between the love of poor Noun, who threw herself into the affair with all the vehemence of her passionate nature, and that of the well-born youth, who yielded to the impulse of a day without abjuring the right to resume his reason on the morrow.

Quand madame Delmare s'éveilla, elle vit Noun à côté de son lit, confuse et triste. Mais elle avait ingénument ajouté foi aux explications de M. de Ramière, d'autant plus que déjà des personnes intéressées dans le commerce avaient tenté de surprendre, par ruse ou par fraude, le secret de la fabrique Delmare. Elle attribua donc l'embarras de sa compagne à l'émotion et à la fatigue de la nuit, et Noun se rassura en voyant le colonel entrer avec calme dans la chambre de sa femme et l'entretenir de l'affaire de la veille comme d'une chose toute naturelle.

Dès le matin, sir Ralph s'était assuré de l'état du malade. La chute, quoique violente, n'avait eu aucun résultat grave ; la blessure de la main était déjà cicatrisée ; M. de Ramière avait désiré qu'on le transportât sur-le-champ à Melun, et il avait distribué sa bourse aux domestiques pour les engager à garder le silence sur cet événement, afin, disait-il, de ne pas effrayer sa mère qui habitait à quelques lieues de là. Cette histoire ne s'ébruita donc que lentement et sur des versions différentes. Quelques renseignements sur la fabrique anglaise d'un M. de Ramière, frère de celui-ci, vinrent à l'appui de la fiction qu'il avait heureusement improvisée. Le colonel et sir Brown eurent la délicatesse de garder le secret de Noun, sans même lui faire entendre qu'ils le savaient, et la famille Delmare cessa bientôt de s'occuper de cet incident.

When Madame Delmare awoke she found Noun beside her bed, embarrassed and downcast. But she had ingenuously given credence to Monsieur de Ramière's explanation, the more readily as persons interested in Monsieur Delmare's line of trade had previously tried to surprise the secrets of the Delmare factory, by stratagem or by fraud. She attributed her companion's embarrassment therefore to the excitement and fatigue of the night, and Noun took courage when she saw the colonel calmly enter his wife's room and discuss the affair of the previous evening with her as a perfectly natural occurrence.

In the morning Sir Ralph had satisfied himself as to the patient's condition. The fall, although a severe one, had had no serious result; the wound in the hand had already closed; Monsieur de Ramière had expressed a desire to be taken to Melun, and he had distributed the contents of his purse among the servants to induce them to keep quiet concerning his adventure, in order, he said, that his mother, who lived within a few leagues, might not be alarmed. Thus the story became known very slowly, and in several different versions. Certain information concerning the English factory of Monsieur de Ramière, the brother, added weight to the fiction the intruder had happily improvised. The colonel and Sir Ralph had the delicacy to keep Noun's secret, without even letting her know that they knew it; and the Delmare family soon ceased to give any thought to the incident.

IV.

*I*l vous est difficile peut-être de croire que M. Raymon de Ramière, jeune homme brillant d'esprit, de talents et de grandes qualités, accoutumé aux succès de salon et aux aventures parfumées, eût conçu pour la femme de charge d'une petite maison industrielle de la Brie un attachement bien durable. M. de Ramière n'était pourtant ni un fat ni un libertin. Nous avons dit qu'il avait de l'esprit, c'est-à-dire qu'il appréciait à leur juste valeur les avantages de la naissance. C'était un homme à principes quand il raisonnait avec lui-même, mais de fougueuses passions l'entraînaient souvent hors de ses systèmes. Alors il n'était plus capable de réfléchir, ou bien il évitait de se traduire au tribunal de sa conscience : il commettait des fautes comme à l'insu de lui-même, et l'homme de la veille s'efforçait de tromper celui du lendemain. Malheureusement, ce qu'il y avait de plus saillant en lui, ce n'étaient pas ses principes, qu'il avait en commun avec beaucoup d'autres philosophes en gants blancs, et qui ne le préservaient pas plus qu'eux de l'inconséquence ; c'étaient ses passions, que les principes ne pouvaient pas étouffer, et qui faisaient de lui un homme à part dans cette société ternie où il est si difficile de trancher sans être ridicule. Raymon avait l'art d'être souvent coupable sans se faire haïr, souvent bizarre sans être choquant ; parfois même il réussissait à se faire plaindre par les gens qui avaient le plus à se plaindre de lui. Il y a des hommes ainsi gâtés par tout ce qui les approche. Une figure heureuse et une élocution vive font quelquefois tous les frais de leur sensibilité. Nous ne prétendons pas juger si rigoureusement M. Raymon de Ramière, ni tracer son portrait avant de l'avoir fait agir. Nous l'examinons maintenant de loin, et comme la foule qui le voit passer.

IV

You will find it difficult to believe perhaps that Monsieur de Ramière, a young man of brilliant intellect, considerable talents and many estimable qualities, accustomed to salon triumphs and to adventures in perfumed boudoirs, had conceived a very durable passion for the housekeeper in the household of a small manufacturer in Brie. And yet Monsieur de Ramière was neither fop nor libertine. We have said that he was intelligent—that is to say, he appreciated the advantages of birth at their real value. He was a man of high principle when he argued with himself; but vehement passions often carried him beyond the bounds of his theories. At such times he was incapable of reflection, or he avoided appearing before the tribunal of his conscience: he went astray, as if without his own knowledge, and the man of yesterday strove to deceive him of to-morrow. Unfortunately the most salient feature in his character was not his principles, which he possessed in common with many other white-gloved philosophers and which no more preserved him from inconsistency than they preserve them; but his passions, which no principles could stifle, and which made of him a man apart in that degenerate society where it is so difficult to depart from the beaten path without appearing ridiculous. Raymon had the art of being often culpable without arousing hatred, often eccentric without being offensive; indeed he sometimes succeeded in arousing the pity of people who had the most reason to complain of him. There are men who are humored thus by every one who approaches them. Sometimes an attractive face and animated speech make up the sum total of their sensibility. We do not presume to judge Monsieur Raymon de Ramière so harshly, nor to draw his portrait before exhibiting him in action. We are examining him now at a distance, like the multitude who pass him in the street.

M. de Ramière était amoureux de la jeune créole aux grands yeux noirs qui avait frappé d'admiration toute la province à la fête de Rubelles ; mais amoureux et rien de plus. Il l'avait abordée par désœuvrement peut-être, et le succès avait allumé ses désirs ; il avait obtenu plus qu'il n'avait demandé, et, le jour où il triompha de ce cœur facile, il rentra chez lui, effrayé de sa victoire, et, se frappant le front, il se dit :

« Pourvu qu'elle ne m'aime pas ! »

Ce ne fut donc qu'après avoir accepté toutes les preuves de son amour qu'il commença à se douter de cet amour. Alors il se repentit, mais il n'était plus temps ; il fallait s'abandonner aux conséquences de l'avenir ou reculer lâchement vers le passé. Raymon n'hésita pas ; il se laissa aimer, il aima lui-même par reconnaissance ; il escalada les murs de la propriété Delmare par amour du danger ; il fit une chute terrible par maladresse, et il fut si touché de la douleur de sa jeune et belle maîtresse, qu'il se crut désormais justifié à ses propres yeux en continuant de creuser l'abîme où elle devait tomber.

Dès qu'il fut rétabli, l'hiver n'eut pas de glace, la nuit point de dangers, le remords pas d'aiguillons qui pussent l'empêcher de traverser l'angle de la forêt pour aller trouver la créole, lui jurer qu'il n'avait jamais aimé qu'elle, qu'il la préférait aux reines du monde, et mille autres exagérations qui seront toujours de mode auprès des jeunes filles pauvres et crédules. Au mois de janvier, madame Delmare partit pour Paris avec son mari ; sir Ralph Brown, leur honnête voisin, se retira dans sa terre, et Noun, restée à la tête de la maison de campagne de ses maîtres, eut la liberté de s'absenter sous différents prétextes. Ce fut un malheur pour elle, et ces faciles entrevues avec son amant abrégèrent de beaucoup le bonheur éphémère qu'elle devait goûter. La forêt, avec sa poésie, ses girandoles de givre, ses effets de lune, le mystère de la petite porte, le départ furtif du matin, lorsque les petits pieds de Noun imprimaient

Monsieur de Ramière was in love with the young creole with the great black eyes, who had aroused the admiration of the whole province at the fête of Rubelles; but he was in love and nothing more. He had made her acquaintance because he had nothing else to do, perhaps, and success had kindled his desires; he had obtained more than he asked, and on the day that he triumphed over that easily vanquished heart he returned home dismayed by his victory, and said to himself, striking his forehead:

"God grant that she doesn't love me!"

Thus it was not until after he had accepted all the proofs of her love that he began to suspect the existence of that love. Then he repented, but it was too late; he must either resign himself to what the future might have in store, or retreat like a coward toward the past. Raymon did not hesitate; he allowed himself to be loved, he loved in return for gratitude; he scaled the walls of the Delmare estate from love of danger; he had a terrible fall from awkwardness; and he was so touched by his lovely young mistress's grief that he deemed himself justified thenceforth in his own eyes in continuing to dig the pit into which she was destined to fall.

When he had recovered, winter had no storms, darkness no perils, remorse no stings which could deter him from passing through the corner of the forest to meet the young creole and swear to her that he had never loved any other woman; that he preferred her to the queens of society, and a thousand other exaggerations which will always be fashionable with poor and credulous maidens. In January Madame Delmare went to Paris with her husband; Sir Ralph Brown, their excellent neighbor, betook himself to his own estate, and Noun, being left in charge of her master's country house, was able to absent herself on various pretexts. It was unfortunate for her, and this facility of intercourse with her lover greatly abridged the ephemeral happiness which she was destined to enjoy. The forest with its poetic shadows, its arabesques of hoar-frost, its moonlight effects, the mysterious going and coming by the little gate, the furtive departure in the

leur trace sur la neige du parc pour le reconduire, tous ces accessoires d'une intrigue amoureuse avaient prolongé l'enivrement de M. de Ramière. Noun, en déshabillé blanc, parée de ses longs cheveux noirs, était une dame, une reine, une fée ; lorsqu'il la voyait sortir de ce castel de briques rouges, édifice lourd et carré du temps de la régence, qui avait une demi-tournure féodale, il la prenait volontiers pour une châtelaine du moyen âge, et, dans le kiosque rempli de fleurs exotiques où elle venait l'enivrer des séductions de la jeunesse et de la passion, il oubliait volontiers tout ce qu'il devait se rappeler plus tard.

Mais lorsque, méprisant les précautions et bravant à son tour le danger, Noun vint le trouver chez lui avec son tablier blanc et son madras arrangé coquettement à la manière de son pays, elle ne fut plus qu'une femme de chambre et la femme de chambre d'une jolie femme, ce qui donne toujours à la soubrette l'air d'un pis aller. Noun était pourtant bien belle ! C'était ainsi qu'il l'avait vue pour la première fois à cette fête de village où il avait fendu la presse des curieux pour l'approcher, et où il avait eu le petit triomphe de l'arracher à vingt rivaux. Noun lui rappelait ce jour avec tendresse ; elle ignorait, la pauvre enfant, que l'amour de Raymon ne datait pas de si loin, et que le jour d'orgueil pour elle n'avait été pour lui qu'un jour de vanité. Et puis ce courage avec lequel elle lui sacrifiait sa réputation, ce courage qui eût dû la faire aimer davantage, déplut à M. de Ramière. La femme d'un pair de France qui s'immolerait de la sorte serait une conquête précieuse ; mais une femme de chambre ! Ce qui est héroïsme chez l'une devient effronterie chez l'autre. Avec l'une, un monde de rivaux jaloux vous envie ; avec l'autre, un peuple de laquais scandalisés vous condamne. La femme de qualité vous sacrifie vingt amants qu'elle avait ; la femme de chambre ne vous sacrifie qu'un mari qu'elle aurait eu.

Que voulez-vous ? Raymon était un homme de mœurs élégantes, de vie recherchée, d'amour poétique. Pour lui une grisette n'était pas

morning when Noun's little feet, as she accompanied him to the gate, left their prints on the snow in the park—all these accessories of an amorous intrigue served to prolong Monsieur de Ramière's intoxication. Noun, in white *déshablilé*, with her long black hair for ornament, was a lady, a queen, a fairy; when he saw her come forth from that red brick castle, a heavy, square structure of the time of the Regency, with a semi-feudal aspect, he could easily fancy her a châtelaine of the Middle Ages, and in the summerhouse filled with rare flowers, where she made him drunk with the seductions of youth and passion, he readily forgot all that he was destined to remember later.

But when Noun, disdaining precautions and defying danger in her turn, came to him at his home, with her white apron and neckerchief coquettishly arranged according to the fashion of her country, she was nothing more than a maid and a maid in the service of a pretty woman—a circumstance that always makes a soubrette seem like a makeshift. And yet Noun was very lovely, it was in that dress that he had first seen her at that village fête where he had forced his way through the crowd of curious bystanders, and had enjoyed the petty triumph of carrying her off from a score of rivals. Noun would lovingly remind him of that day; she did not know, poor child, that Raymon's love did not date back so far, and that her day of pride had been only a day of vanity to him. And then the courage with which she sacrificed her reputation to him—that courage which should have made him love her all the more—displeased Monsieur de Ramière. The wife of a peer of France who should sacrifice herself so recklessly would be a priceless conquest; but a lady's maid! That which is heroism in the one becomes brazen-faced effrontery in the other. With the one a world of jealous rivals envies you; with the other a rabble of scandalized flunkeys condemns you. The lady of quality sacrifices twenty previous lovers to you; the lady's maid sacrifices only a husband that she might have had.

What can you expect? Raymon was a man of fashionable morals, of elegant manners, of poetic passion. In his eyes a grisette was not a

une femme, et Noun, à la faveur d'une beauté de premier ordre, l'avait surpris dans un jour de laisser-aller populaire. Tout cela n'était pas la faute de Raymon ; on l'avait élevé pour le monde, on avait dirigé toutes ses pensées vers un but élevé, on avait pétri toutes ses facultés pour un bonheur de prince, et c'était malgré lui que l'ardeur du sang l'avait entraîné dans de bourgeoises amours. Il avait fait tout son possible pour s'y plaire, il ne le pouvait plus ; que faire maintenant ? Des idées généreusement extravagantes lui avaient bien traversé le cerveau ; aux jours où il était le plus épris de sa maîtresse, il avait bien songé à l'élever jusqu'à lui, à légitimer leur union... Oui, sur mon honneur ! il y avait songé ; mais l'amour, qui légitime tout, s'affaiblissait maintenant ; il s'en allait avec les dangers de l'aventure et le piquant du mystère. Plus d'hymen possible ; et faites attention : Raymon raisonnait fort bien et tout à fait dans l'intérêt de sa maîtresse.

S'il l'eût aimée vraiment, il aurait pu, en lui sacrifiant son avenir, sa famille et sa réputation, trouver encore du bonheur avec elle, et par conséquent lui en donner ; car l'amour est un contrat aussi bien que le mariage. Mais refroidi comme il se sentait alors, quel avenir pouvait-il créer à cette femme ? L'épouserait-il pour lui montrer chaque jour un visage triste, un cœur froissé, un intérieur désolé ? L'épouserait-il pour la rendre odieuse à sa famille, méprisable à ses égaux, ridicule à ses domestiques, pour la risquer dans une société où elle se sentirait déplacée, où l'humiliation la tuerait, pour l'accabler de remords en lui faisant sentir tous les maux qu'elle avait attirés sur son amant.

Non, vous conviendrez avec lui que ce n'était pas possible, que ce n'eût pas été généreux, qu'on ne lutte point ainsi contre la société, et que cet héroïsme de vertu ressemble à don Quichotte brisant sa lance contre l'aile d'un moulin ; courage de fer qu'un coup de vent disperse, chevalerie d'un autre siècle qui fait pitié à celui-ci.

woman, and Noun, by virtue of a beauty of the first order, had taken him by surprise on a day of popular merrymaking. All this was not Raymon's fault; he had been reared to shine in society, all his thoughts had been directed toward an exalted goal, all his faculties had been moulded to enjoy princely good fortune, and the ardor of his blood had led him into bourgeois amours against his will. He had done all that he possibly could do to prolong his enjoyment, but he had failed; what was he to do now? Ideas extravagant in generosity had passed through his brain; on the days when he was most in love with his mistress he had thought seriously of raising her to his level, of legitimizing their union. Yes, upon my honor, he had thought of it; but love, which legitimizes everything, was growing weaker now; it was passing away with the perils of the intrigue and the piquant charm of mystery. Marriage was no longer possible; and note this: Raymon reasoned very cogently and altogether in his mistress's favor.

If he had really loved her, he could, by sacrificing to her his future, his family and his reputation, still have found happiness, and, consequently, have made her happy; for love is a contract no less than marriage. But, his ardor having cooled as he felt that it had, what future could he create for her? Should he marry her and display day after day a gloomy face, a cold heart, a comfortless home? Should he marry her and make her odious to her family, contemptible in the eyes of her equals, and a laughing-stock to her servants; take the risk of introducing her in a social circle where she would feel that she was out of place; where humiliation would kill her; and, lastly, overwhelm her with remorse by forcing her to realize all the trials she had brought upon her lover?

No, you will agree with him that it was impossible, that it would not have been generous, that a man cannot contend thus with society, and that such heroic virtue resembles Don Quixote breaking his lance against a windmill; an iron courage which a breath of wind scatters; the chivalry of another age which arouses the pitying contempt of this age.

Après avoir ainsi pesé toutes choses, M. de Ramière comprit qu'il valait mieux briser ce lien malheureux. Les visites de Noun commençaient à lui devenir pénibles. Sa mère, qui était allée passer l'hiver à Paris, ne manquerait pas d'apprendre bientôt ce petit scandale. Déjà elle s'étonnait des fréquents voyages qu'il faisait à Cercy, leur maison de campagne, et des semaines entières qu'il y passait. Il avait bien prétexté un travail sérieux qu'il venait achever loin du bruit des villes ; mais ce prétexte commençait à s'user. Il en coûtait à Raymon de tromper une si bonne mère, de la priver si longtemps de ses soins ; que vous dirai-je ? il quitta Cercy et n'y revint plus.

Noun pleura, attendit, et, malheureuse qu'elle était, voyant le temps s'écouler, se hasarda jusqu'à écrire. Pauvre fille ! ce fut le dernier coup. La lettre d'une femme de chambre ! Elle avait pourtant pris le papier satiné et la cire odorante dans l'écritoire de madame Delmare, le style dans son cœur... Mais l'orthographe ! Savez-vous bien ce qu'une syllabe de plus ou de moins ôte ou donne d'énergie aux sentiments ? Hélas ! la pauvre fille à demi sauvage de l'île Bourbon ignorait même qu'il y eût des règles à la langue. Elle croyait écrire et parler aussi bien que sa maîtresse, et quand elle vit que Raymon ne revenait pas, elle se dit :

« Ma lettre était pourtant bien faite pour le ramener. »

Cette lettre, Raymon n'eut pas le courage de la lire jusqu'au bout. C'était peut-être un chef-d'œuvre de passion naïve et gracieuse ; Virginie n'en écrivit peut-être pas une plus charmante à Paul lorsqu'elle eut quitté sa patrie... Mais M. de Ramière se hâta de la jeter au feu, dans la crainte de rougir de lui-même. Que voulez-vous, encore une fois ? ceci est un préjugé de l'éducation, et l'amour-propre est dans l'amour comme l'intérêt personnel est dans l'amitié.

On avait remarqué dans le monde l'absence de M. de Ramière ; c'est beaucoup dire d'un homme, dans ce monde où ils se ressemblent tous.

Having thus weighed all the arguments, Monsieur de Ramière concluded that it would be better to break that unfortunate bond. Noun's visits were beginning to be painful to him. His mother, who had gone to Paris for the winter, would not fail to hear of the little scandal before long. Even now she was surprised at his frequent visits to Cercy, their country estate, and at his passing whole weeks there. He had, to be sure, alleged as a pretext, an important piece of work which he was finishing away from the noise of the city; but that pretext was beginning to be worn out. It grieved Raymon to deceive so kind a mother, to deprive her for so long a time of his filial attentions; and—how shall I tell you?—he left Cercy and did not return.

Noun wept and waited, and as the days and weeks passed, unhappy creature that she was, she ventured so far as to write. Poor girl! that was the last stroke. A letter from a lady's maid! Yet she had taken satin-finished paper and perfumed wax from Madame Delmare's desk, and her style from her heart. But the spelling! Do you know how much energy a syllable more or less adds to or detracts from the sentiments? Alas! the poor half-civilized girl from Ile Bourbon did not know even that there were rules for the use of language. She believed that she wrote and spoke as correctly as her mistress, and when she found that Raymon did not return she said to herself:

"And yet my letter was well adapted to bring him."

That letter Raymon lacked courage to read to the end. It was a masterpiece of ingenuous and graceful passion; it is doubtful if Virginia wrote Paul a more charming one after she left her native land. But Monsieur de Ramière made haste to throw it in the fire, fearful lest he should blush for himself. Once more, what do you expect? This is a prejudice of education, and self-love is a part of love just as self-interest is a part of friendship.

Monsieur de Ramière's absence had been noticed in society; that is much to say of a man, in respect to this society of ours where all men

On peut être homme d'esprit et faire cas du monde, de même qu'on peut être un sot et le mépriser. Raymon l'aimait, et il avait raison ; il y était recherché, il y plaisait ; et, pour lui, cette foule de masques indifférents ou railleurs avait des regards d'attention et des sourires d'intérêt. Des malheureux peuvent être misanthropes, mais les êtres qu'on aime sont rarement ingrats ; du moins Raymon le pensait. Il était reconnaissant des moindres témoignages d'attachement, envieux de l'estime de tous, fier d'un grand nombre d'amitiés.

Avec ce monde dont les préventions sont absolues, tout lui avait réussi, même ses fautes ; et quand il cherchait la cause de cette affection universelle qui l'avait toujours protégé, il la trouvait en lui-même dans le désir qu'il avait de l'obtenir, dans la joie qu'il en ressentait, dans cette bienveillance robuste qu'il prodiguait sans l'épuiser.

Il la devait aussi à sa mère, dont l'esprit supérieur, la conversation attachante et les vertus privées faisaient une femme à part. C'était d'elle qu'il tenait ces excellents principes qui le ramenaient toujours au bien, et l'empêchaient, malgré la fougue de ses vingt-cinq ans, de démériter de l'estime publique. On était aussi plus indulgent pour lui que pour les autres, parce que sa mère avait l'art de l'excuser en le blâmant, de recommander l'indulgence en ayant l'air de l'implorer. C'était une de ces femmes qui ont traversé des époques si différentes, que leur esprit a pris toute la souplesse de leur destinée, qui se sont enrichies de l'expérience du malheur, qui ont échappé aux échafauds de 93, aux vices du Directoire, aux vanités de l'Empire, aux rancunes de la Restauration ; femmes rares, et dont l'espèce se perd.

Ce fut à un bal chez l'ambassadeur d'Espagne que Raymon fit sa rentrée dans le monde.

resemble one another. One may be a man of intelligence and still care for society, just as one may be a fool and despise it. Raymon liked it, and he was justified in his liking, for he was a favorite and was much sought after; and that multitude of indifferent or sneering masks assumed for him attentive and interested smiles. Unfortunate men may be misanthropes, but those persons of whom one is fond are rarely ungrateful; at least so Raymon thought. He was grateful for the slightest manifestations of attachment, desirous of universal esteem, proud of having a large number of friends.

In this society, whose prejudices are absolute, everything had succeeded in his case, even his faults; and when he sought the cause of this universal affection which had always encompassed him, he found it in himself, in his longing to obtain it, in the joy it caused him, in the hearty kindliness which he dealt out lavishly without exhausting it.

He owed it in some measure to his mother too, whose superior intelligence, sparkling conversation and private virtues made her an exceptional woman. It was from her that he inherited those excellent principles which always led him back to the right path and prevented him, despite the impetuosity of his twenty-five years, from ever forfeiting his claim to public esteem. Moreover, people were more indulgent to him than to others because his mother had the knack of apologizing for him while blaming him, of commanding indulgence when she seemed to implore it. She was one of those women who had lived through different epochs so utterly dissimilar that their minds become as flexible as their destinies; who have grown rich on experience of misfortune; who have escaped the scaffolds of '93, the vices of the Directory, the vanities of the Empire and the enmities of the Restoration; rare women, whose kind is dying out.

It was at a ball at the Spanish ambassador's that Raymon reappeared in society.

« M. de Ramière, si je ne me trompe, dit une jolie femme à sa voisine.

— C'est une comète qui paraît à intervalles inégaux, répondit celle-ci. Il y a des siècles qu'on n'a entendu parler de ce joli garçon-là. »

La femme qui parlait ainsi était étrangère et âgée. Sa compagne rougit un peu.

« Il est très-bien, dit-elle ; n'est-ce pas, Madame ?

— Charmant, sur ma parole, dit la vieille Sicilienne.

— Vous parlez, je gage, dit un beau colonel de la garde, du héros des salons éclectiques, le brun Raymon ?

— C'est une belle tête d'étude, reprit la jeune femme.

— Et ce qui vous plaît encore davantage, peut-être, une mauvaise tête, » dit le colonel.

Cette jeune femme était la sienne.

« Pourquoi mauvaise tête ? demanda l'étrangère.

— Des passions toutes méridionales, Madame, et dignes du beau soleil de Palerme. »

Deux ou trois jeunes femmes avancèrent leurs jolies têtes chargées de fleurs pour entendre ce que disait le colonel.

« Il a fait vraiment des ravages à la garnison cette année, continua-t-il. Nous serons obligés, nous autres, de lui chercher une mauvaise querelle pour nous en débarrasser.

"Monsieur de Ramière, if I am not mistaken," said a pretty woman to her neighbor.

"He is a comet who appears at irregular intervals," was the reply. "It is centuries since any one heard of the pretty fellow."

The lady who spoke thus was a middle-aged foreigner. Her companion blushed slightly.

"He's very good-looking, is he not, madame?" she said.

"Charming, on my word," replied the old Sicilian.

"You are talking about the hero of the eclectic salons, the dark-eyed Raymon, I'll be bound," said a dashing colonel of the guard.

"He has a fine head to study," rejoined the younger woman.

"And what pleases you even more, I dare say," said the colonel, "a wicked head."

The young woman was his wife.

"Why a wicked head?" queried the Sicilian.

"Full of genuine Southern passions, madame, worthy of the bright sunlight of Palermo."

Two or three young women put forward their flower-laden heads to hear what the colonel was saying.

"He made ravages in the garrison last year, I promise you," he continued. "We fellows shall be obliged to pick a quarrel with him, in order to get rid of him."

— *Si c'est un Lovelace, tant pis, dit une jeune personne à la physionomie moqueuse ; je ne peux pas souffrir les gens que tout le monde aime. »*

La comtesse ultramontaine attendit que le colonel fût un peu loin, et, donnant un léger coup de son éventail sur les doigts de mademoiselle de Nangy :

« Ne parlez pas ainsi, lui dit-elle ; vous ne savez pas ce que c'est, ici, qu'un homme qui veut être aimé.

— Vous croyez donc qu'il ne s'agit pour eux que de vouloir ? dit la jeune fille aux longs yeux sardoniques.

— Mademoiselle, dit le colonel, qui se rapprochait pour l'inviter à danser, prenez garde que le beau Raymon ne vous entende ! »

Mademoiselle de Nangy se prit à rire ; mais, de toute la soirée, le joli groupe dont elle faisait partie n'osa plus parler de M. de Ramière.

"If he's a Lovelace, so much the worse for him," said a young lady with a satirical cast of countenance; "I can't endure men whom everybody loves."

The ultramontane countess waited until the colonel had walked away, when she tapped Mademoiselle de Nangy's fingers lightly with her fan and said:

"Don't speak so; you don't know here what to think of a man who wants to be liked."

"Do you think, pray, that all they have to do is to want it?" said the damsel with the long sardonic eyes.

"Mademoiselle," said the colonel, coming up again to invite her to dance; "take care that the charming Raymon does not overhear you."

Mademoiselle de Nangy laughed; but during the rest of the evening the pretty group of which she was one dared not mention Monsieur de Ramière's name again.

V.

M*. de Ramière errait sans dégoût et sans ennui dans les plis ondoyants de cette foule parée.*

Cependant il se débattait contre le chagrin. En rentrant dans son monde à lui, il avait comme des remords, comme de la honte de toutes les folles idées qu'un attachement disproportionné lui avait suggérées. Il regardait ces femmes si brillantes aux lumières ; il écoutait leur entretien délicat et fin ; il entendait vanter leurs talents ; et dans ces merveilles choisies, dans ces toilettes presque royales, dans ces propos exquis, il trouvait partout le reproche d'avoir dérogé à sa propre destinée. Mais, malgré cette espèce de confusion, Raymon souffrait d'un remords plus réel ; car il avait une extrême délicatesse d'intentions, et les larmes d'une femme brisaient son cœur, quelque endurci qu'il fût.

Les honneurs de la soirée étaient en ce moment pour une jeune femme dont personne ne savait le nom, et qui, par la nouveauté de son apparition dans le monde, jouissait du privilège de fixer l'attention. La simplicité de sa mise eût suffi pour la détacher en relief au milieu des diamants, des plumes et des fleurs qui paraient les autres femmes. Des rangs de perles tressées dans ses cheveux noirs composaient tout son écrin. Le blanc mat de son collier, celui de sa robe de crêpe et de ses épaules nues, se confondaient à quelque distance, et la chaleur des appartements avait à peine réussi à élever sur ses joues une nuance délicate comme celle d'une rose de Bengale éclose sur la neige. C'était une créature toute petite, toute mignonne, toute déliée ; une beauté de salon que la lueur vive des bougies rendait féerique et qu'un rayon de soleil eût ternie. En dansant, elle

V

Monsieur de Ramière wandered amid the undulating waves of that gayly-dressed crowd without distaste and without ennui.

Nevertheless, he was fighting against a feeling of chagrin. On returning to his own sphere he had a species of remorse, of shame for all the wild ideas which a misplaced attachment had suggested to him. He looked at the women so brilliantly beautiful in the bright light; he listened to their refined and clever conversation; he heard their talents highly praised; and in those marvellous specimens of their sex, those almost royal costumes, those exquisitely appropriate remarks, he found on all sides an implied reproach for having been untrue to his destiny. But, despite this species of mental bewilderment, Raymon suffered from more genuine remorse; for his intentions were always kind and considerate to the last degree, and a woman's tears broke his heart, hardened as it was.

The honors of the evening were universally accorded to a young woman whose name no one knew, and who enjoyed the privilege of monopolizing attention because her appearance in society was a novelty. The simplicity of her costume alone would have sufficed to make her a distinguished figure amid the diamonds, feathers and flowers in which the other women were arrayed. Strings of pearls woven into her black hair were her only jewels. The lustreless white of her necklace, her crêpe dress and her bare shoulders blended at a little distance, and the heated atmosphere of the apartments had barely succeeded in bringing to her cheeks a faint flush of as delicate a shade as that of a Bengal rose blooming on the snow. She was a tiny, dainty, slender creature; a salon type of beauty to which the bright light of the candles gave a fairylike touch, and which a sunbeam would have dimmed. When she danced she was so light that

était si légère qu'un souffle eût suffi pour l'enlever ; mais elle était légère sans vivacité, sans plaisir. Assise, elle se courbait comme si son corps trop souple n'eût pas eu la force de se soutenir ; et quand elle parlait elle souriait et avait l'air triste. Les contes fantastiques étaient à cette époque dans toute la fraîcheur de leurs succès ; aussi les érudits du genre comparèrent cette jeune femme à une ravissante apparition évoquée par la magie, qui, lorsque le jour blanchirait l'horizon devait pâlir et s'effacer comme un rêve.

En attendant, ils se pressaient autour d'elle pour la faire danser.

— Dépêchez-vous, disait à un de ses amis un dandy romantique ; le coq va chanter, et déjà les pieds de votre danseuse ne touchent plus le parquet. Je parie que vous ne sentez plus sa main dans la vôtre.

— Regardez donc la figure brune et caractérisée de M. de Ramière, dit une femme artiste à son voisin. N'est-ce pas qu'auprès de cette jeune personne si pâle et si menue, le ton solide de l'un fait admirablement ressortir le ton fin de l'autre ?

— Cette jeune personne, dit une femme qui connaissait tout le monde, et qui remplissait dans les réunions le rôle d'un almanach, c'est la fille de ce vieux fou de Carvajal qui a voulu trancher du Joséphin, et qui s'en est allé mourir ruiné à l'île Bourbon. Cette belle fleur exotique est assez sottement mariée, je crois ; mais sa tante est bien en cour. »

Raymon s'était approché de la belle Indienne. Une émotion singulière s'emparait de lui chaque fois qu'il la regardait ; il avait vu cette figure pâle et triste dans quelqu'un de ses rêves ; mais à coup sûr il l'avait vue, et ses regards s'y attachaient avec le plaisir qu'on éprouve à retrouver une vision caressante qu'on a craint de perdre pour toujours. L'attention de Raymon troubla celle qui en était l'objet ; gauche et timide comme une personne étrangère au monde, le succès qu'elle y obtenait semblait l'embarrasser plutôt que lui plaire.

a breath would have whisked her away; but in her lightness there was no animation, no pleasure. When she was seated she bent forward as if her too flexible body lacked strength to support itself, and when she spoke she smiled sadly. Fantastic tales were at the very height of their vogue at this period. Accordingly, those who were learned in that line compared this young woman to a fascinating apparition evoked by sorcery, which would fade away and vanish like a dream when the first flush of dawn appeared on the horizon.

Meanwhile they crowded about her to invite her to dance.

"Make haste," said a dandy of a romantic turn to one of his friends; "the cock will crow soon, and even now your partner's feet have ceased to touch the floor. I'll wager that you can't feel her hand in yours."

"Pray look at Monsieur de Ramière's dark, strongly-marked face," said an *artistic* lady to her neighbor. "Contrast him with that pale, slender young woman, and see if the *solid* tone of the one doesn't make an admirable foil for the *delicate* tone of the other."

"That young woman," said a woman who knew everybody and who played the part of an almanac at social functions, "is the daughter of that old fool, De Carvajal, who tried to play Joséphin, and who died ruined at Ile Bourbon. This lovely exotic flower has made a foolish marriage, I believe; but her aunt stands well at court."

Raymon had drawn near the fair Indian. A peculiar emotion seized him every time that he looked at her; he had seen that pale, sad face; perhaps in some dream, but at all events he had seen it, and his eyes rested upon it with the delight we all feel on seeing once more a charming vision which we thought that we had lost forever. Raymon's gaze disturbed her who was the object of it; she was awkward and shy, like a person unaccustomed to society, and the sensation that she caused seemed to embarrass rather than to please her. Raymon made

Raymon fit un tour de salon, apprit enfin que cette femme s'appelait madame Delmare, et vint l'inviter à danser.

« Vous ne vous souvenez pas de moi, lui dit-il, lorsqu'ils furent seuls au milieu de la foule ; mais moi je n'ai pu vous oublier, Madame. Je ne vous ai pourtant vue qu'un instant, à travers un nuage ; mais cet instant vous a montrée à moi si bonne, si compatissante… »

Madame Delmare tressaillit.

« Ah ! oui, Monsieur, dit-elle vivement, c'est vous !… Moi aussi, je vous reconnaissais. »

Puis elle rougit et parut craindre d'avoir manqué aux convenances. Elle regarda autour d'elle comme pour voir si quelqu'un l'avait entendue. Sa timidité ajoutait à sa grâce naturelle, et Raymon se sentit touché au cœur de l'accent de cette voix créole, un peu voilée, si douce qu'elle semblait faite pour prier ou pour bénir.

« J'avais bien peur, lui dit-il, de ne jamais trouver l'occasion de vous remercier. Je ne pouvais me présenter chez vous, et je savais que vous alliez peu dans le monde. Je craignais aussi en vous approchant de me mettre en contact avec M. Delmare, et notre situation mutuelle ne pouvait rendre ce contact agréable. Combien je suis heureux de cet instant qui me permet d'acquitter la dette de mon cœur !

— Il serait plus doux pour moi, lui dit-elle, si M. Delmare pouvait en prendre sa part, et, si vous le connaissiez mieux, vous sauriez qu'il est aussi bon qu'il est brusque. Vous lui pardonneriez d'avoir été votre meurtrier involontaire, car son cœur a certainement plus saigné que votre blessure.

— Ne parlons pas de M. Delmare, Madame, je lui pardonne de tout mon cœur. J'avais des torts envers lui, il s'en est fait justice ; je n'ai plus qu'à l'oublier ; mais vous, Madame, vous qui m'avez prodigué des soins si délicats et si généreux, je veux me rappeler toute ma vie

the circuit of the salon, succeeded finally in learning that her name was Madame Delmare, and went and asked her to dance.

"You do not remember me," he said, when they were alone in the midst of the crowd; "but I have not been able to forget you, madame. And yet I saw you for an instant only, through a cloud; but in that instant you seemed so kind, so compassionate."

Madame Delmare started.

"Oh! yes, monsieur," she said quickly, "it is you! I recognized you, too."

Then she blushed and seemed to fear that she had offended the proprieties. She looked around as if to see whether anyone had heard her. Her timidity enhanced her natural charm, and Raymon was touched to the heart by the tone of that creole voice, slightly husky, but so sweet that it seemed made to pray or to bless.

"I was afraid," he said, "that I should never have an opportunity to thank you. I could not call upon you and I knew that you went but little into society. I feared, also, that if I made your acquaintance I should come in contact with Monsieur Delmare, and our previous relations could not fail to make that contact disagreeable. How glad I am for this moment, which enables me to pay the debt of my heart!"

"It would be much pleasanter for me," said she, "if Monsieur Delmare also could enjoy it; and if you knew him better you would know that he is as kind as he is brusque. You would forgive him for having been your involuntary assailant, for his heart certainly bled more freely than your wound."

"Let us not talk of Monsieur Delmare, madame; I forgive him with all my heart. I injured him and he took the law into his own hands. I have nothing more to do but to forget; but as to you, madame, who lavished such delicate and generous attentions upon me, I choose to

votre conduite envers moi, vos traits si purs, votre douceur angélique, et ces mains qui ont versé le baume sur mes blessures, et que je n'ai pas pu baiser... »

En parlant, Raymon tenait la main de madame Delmare, prêt à se mêler avec elle dans la contredanse. Il pressa doucement cette main dans les siennes, et tout le sang de la jeune femme reflua vers son cœur.

Quand il la ramena à sa place, madame de Carvajal, la tante de madame Delmare, s'était éloignée ; le bal s'éclaircissait. Raymon s'assit auprès d'elle. Il avait cette aisance que donne une certaine expérience du cœur ; c'est la violence de nos désirs, la précipitation de notre amour qui nous rend stupides auprès des femmes. L'homme qui a un peu usé ses émotions est plus pressé de plaire que d'aimer. Cependant M. de Ramière se sentait plus profondément ému auprès de cette femme simple et neuve qu'il ne l'avait encore été. Peut-être devait-il cette rapide impression au souvenir de la nuit qu'il avait passée chez elle ; ce qu'il y a de certain, c'est qu'en lui parlant avec vivacité, son cœur ne trahissait pas sa bouche.

Mais l'habitude acquise auprès des autres donnait à ses paroles cette puissance de conviction à laquelle l'ignorante Indiana s'abandonnait, sans comprendre que tout cela n'avait pas été inventé pour elle.

En général, et les femmes le savent bien, un homme qui parle d'amour avec esprit est médiocrement amoureux. Raymon était une exception ; il exprimait la passion avec art, et il la ressentait avec chaleur. Seulement ce n'était pas la passion qui le rendait éloquent, c'était l'éloquence qui le rendait passionné. Il se sentait du goût pour une femme, et devenait éloquent pour la séduire et amoureux d'elle en la séduisant. C'était du sentiment comme en font les avocats et les prédicateurs, qui pleurent à chaudes larmes dès qu'ils suent à grosses gouttes. Il rencontrait des femmes assez fines pour se méfier de ces chaleureuses improvisations ; mais Raymon avait fait par amour ce

remember all my life your treatment of me, your pure features, your angelic gentleness, and these hands which poured balm upon my wounds and which I dared not kiss."

While he spoke Raymon held Madame Delmare's hand, to be prepared to walk through their figure in the contradance. He pressed that hand gently in his, and all the young woman's blood rushed to her heart.

When he led Madame Delmare back to her seat, her aunt, Madame de Carvajal, had gone; the crowd was thinning. Raymon sat down beside her. He had that ease of manner which a wide experience in affairs of the heart imparts; it is the violence of our desires, the precipitate haste of our love, that makes us stupid when we are with women. The man who has rubbed the edge off his emotions a little is more anxious to please than to love. Nevertheless Monsieur de Ramière felt more deeply moved in the presence of that simple, unspoiled woman than he had ever been. Perhaps this swift impression was due to his memory of the night he had passed at her house; but it is certain that, while he talked to her with animation, his heart did not lead his mouth astray.

However, the habit he had acquired with other women gave to his words a power of persuasion to which the untutored Indiana yielded, not understanding that it had not all been invented expressly for her.

In general—and women are well aware of it—a man who talks wittily of love is only moderately in love. Raymon was an exception; he expressed passion artistically and felt it ardently. But it was not passion that rendered him eloquent, it was eloquence that made him passionate. He knew that he had a weakness for women, and he would become eloquent in order to seduce a woman and fall in love with her while seducing her. It was sentiment of the sort dealt in by advocates and preachers, who weep hot tears when they perspire freely. He sometimes fell in with women who were shrewd enough to distrust these heated improvisations; but he had committed what are

qu'on appelle des folies : il avait enlevé une jeune personne bien née ; il avait compromis des femmes établies très-haut ; il avait eu trois duels éclatants ; il avait laissé voir à tout un rout, à toute une salle de spectacle, le désordre de son cœur et le délire de ses pensées. Un homme qui fait tout cela sans craindre d'être ridicule ou maudit, et qui réussit à n'être ni l'un ni l'autre, est hors de toute atteinte ; il peut tout risquer et tout espérer. Aussi les plus savantes résistances cédaient à cette considération que Raymon était amoureux comme un fou quand il s'en mêlait. Dans le monde, un homme capable de folie en amour est un prodige assez rare, et que les femmes ne dédaignent pas.

Je ne sais comment il fit ; mais, en reconduisant madame de Carvajal et madame Delmare à leur voiture, il réussit à porter la petite main d'Indiana à ses lèvres. Jamais baiser d'homme furtif et dévorant n'avait effleuré les doigts de cette femme, quoiqu'elle fût née sous un climat de feu et qu'elle eût dix-neuf ans ; dix-neuf ans de l'île Bourbon, qui équivalent à vingt-cinq ans de notre pays.

Souffrante et nerveuse comme elle l'était, ce baiser lui arracha presque un cri, et il fallut la soutenir pour monter en voiture. Une telle finesse d'organisation n'avait jamais frappé Raymon. Noun, la créole, était d'une santé robuste, et les Parisiennes ne s'évanouissent pas quand on leur baise la main.

« Si je la voyais deux fois, se dit-il en s'éloignant, j'en perdrais la tête. »

Le lendemain, il avait complètement oublié Noun ; tout ce qu'il savait d'elle, c'est qu'elle appartenait à madame Delmare. La pâle Indiana occupait toutes ses pensées, remplissait tous ses rêves. Quand Raymon commençait à se sentir amoureux, il avait coutume de s'étourdir, non pour étouffer cette passion naissante, mais au contraire pour chasser la raison qui lui prescrivait d'en peser les conséquences. Ardent au plaisir, il poursuivait son but avec âpreté. Il

called follies for love's sake: he had run away with a girl of noble birth; he had compromised women of very high station; he had had three sensational duels; he had displayed to a crowded evening party, to a whole theatre full of spectators, the bewilderment of his heart and the disarray of his thoughts. A man who does all this without fear of ridicule or of curses, and who succeeds in avoiding both, is safe from all assault; he can take any risk and hope for anything. Thus the most skilfully constructed defences yielded to the consideration that Raymon was madly in love when he meddled with love at all. A man capable of making a fool of himself for love is a rare prodigy in society, and one that women do not disdain.

I do not know how it happened, but when he escorted Madame de Carvajal and Madame Delmare to their carriage he succeeded in putting Indiana's little hand to his lips. Never before had a man's furtive, burning kiss breathed upon that woman's fingers, although she was born in a fiery climate and was nineteen years old; nineteen years of Ile Bourbon, which are equivalent to twenty-five in our country.

Ill and nervous as she was, that kiss almost extorted a shriek from her, and she had to be assisted into the carriage. Raymon had never come in contact with such a delicate organization. Noun, the creole, was in robust health, and Parisian women do not faint when their hands are kissed.

"If I should see her twice," he said to himself as he walked away, "I should lose my head over her."

The next morning he had completely forgotten Noun. All that he knew about her was that she belonged to Madame Delmare. The pale-faced Indiana engrossed all his thoughts, filled all his dreams. When Raymon began to feel the shafts of love he was in the habit of seeking to distract his thoughts, not in order to stifle the budding passion, but, on the contrary, to drive away the reasoning power that urged him to weigh its consequences. Of an ardent temperament, he pursued his

n'était pas maître d'étouffer les orages qui s'élevaient dans son sein, pas plus qu'il n'était maître de les rallumer quand il les sentait se dissiper et s'éteindre.

Il réussit donc dès le lendemain à apprendre que M. Delmare était allé faire un voyage à Bruxelles pour ses intérêts commerciaux. En partant, il avait confié sa femme à madame Carvajal, qu'il aimait fort peu, mais qui était la seule parente de madame Delmare. Lui, soldat parvenu, il n'avait qu'une famille obscure et pauvre, dont il avait l'air de rougir à force de répéter qu'il n'en rougissait pas. Mais, quoiqu'il passât sa vie à reprocher à sa femme un mépris qu'elle n'avait nullement, il sentait qu'il ne devait pas la contraindre à se rapprocher intimement de ces parents sans éducation. D'ailleurs, malgré son éloignement pour madame de Carvajal, il ne pouvait se refuser à une grande déférence dont voici les raisons.

Madame de Carvajal, issue d'une grande famille espagnole, était une de ces femmes qui ne peuvent pas se résoudre à n'être rien. Au temps où Napoléon régentait l'Europe, elle avait encensé la gloire de Napoléon et embrassé avec son mari et son beau-frère le parti des Joséphinos ; mais son mari s'étant fait tuer à la chute de la dynastie éphémère du conquérant, le père d'Indiana s'était réfugié aux colonies françaises. Alors madame de Carvajal, adroite et active, se retira à Paris, où, par je ne sais quelles spéculations de bourse, elle s'était créé une aisance nouvelle sur les débris de sa splendeur passée. À force d'esprit, d'intrigues et de dévotion, elle avait obtenu, en outre, les faveurs de la cour, et sa maison, sans être brillante, était une des plus honorables qu'on pût citer parmi celles des protégés de la liste civile.

Lorsque après la mort de son père, Indiana arriva en France, mariée au colonel Delmare, madame de Carvajal fut médiocrement flattée d'une si chétive alliance. Néanmoins elle vit prospérer les minces capitaux de M. Delmare, dont l'activité et le bon sens en affaires valaient une dot ; elle fit pour Indiana l'acquisition du petit château

object hotly. He had not the power to quell the tempests which arose in his bosom, nor to rekindle them when he felt that they were dying away and vanishing.

He succeeded the next day in learning that Monsieur Delmare had gone to Brussels on a business trip, and had left his wife in charge of Madame de Carvajal, of whom he was not at all fond, but who was Madame Delmare's only relative. He, an upstart soldier, belonged to a poor and obscure family, of which he seemed to be ashamed, simply because he repeated so often that he was not ashamed of it. But, although he passed his life reproaching his wife for alleged scorn of him which she did not entertain, he was conscious that he ought not to compel her to live on terms of intimacy with his uneducated kindred. Moreover, despite his dislike for Madame de Carvajal, he could not refuse to treat her with great deference for these reasons.

Madame de Carvajal, who was descended from a noble Spanish family, was one of those women who cannot make up their minds to be of no account in the world. In the days when Napoleon ruled Europe she had burned incense to the glory of Napoleon, and with her husband and brother-in-law had joined the party of the Joséphinos; but her husband had lost his life at the fall of the conqueror's short-lived dynasty, and Indiana's father had taken refuge in the French colonies. Thereupon Madame de Carvajal, being a clever and active person, had repaired to Paris, and there, by some fortunate speculations on the Bourse, had built up for herself a new competence on the ruins of her past splendors. By dint of shrewd wit, intrigues and piety she had also obtained some favor at Court, and her establishment, while it was by no means brilliant, was one of the most respectable of all those presided over by protégés of the Civil List.

When Indiana arrived in France after her father's death, as the bride of Colonel Delmare, Madame de Carvajal was but moderately pleased by so paltry an alliance. Nevertheless she saw that Monsieur Delmare, whose good sense and activity in business were worth a dowry, prospered with his slender capital; and she purchased for

du Lagny et de la fabrique qui en dépendait. En deux années, grâce aux connaissances spéciales de M. Delmare et aux avances de fonds de sir Rodolph Brown, cousin par alliance de sa femme, les affaires du colonel prirent une heureuse tournure, ses dettes commencèrent à s'acquitter, et madame de Carvajal, aux yeux de qui la fortune était la première recommandation, témoigna beaucoup d'affection à sa nièce et lui promit le reste de son héritage. Indiana, indifférente à l'ambition, entourait sa tante de soins et de prévenances par reconnaissance et non par intérêt, mais il y avait au moins autant de l'un que de l'autre dans les ménagements du colonel. C'était un homme de fer en fait de sentiments politiques ; il n'entendait pas raison sur la gloire inattaquable de son grand empereur, et il la défendait avec l'obstination aveugle d'un enfant de soixante ans. Il lui fallait donc de grands efforts de patience pour ne pas éclater sans cesse dans le salon de madame de Carvajal, où l'on ne vantait plus que la Restauration. Ce que le pauvre Delmare souffrit de la part de cinq ou six vieilles dévotes est inappréciable. Ces contrariétés étaient cause en partie de l'humeur qu'il avait souvent contre sa femme.

Ces choses établies, revenons à M. de Ramière. Au bout de trois jours, il était au courant de tous ces détails domestiques, tant il avait poursuivi activement tout ce qui pouvait le mettre sur la voie d'un rapprochement avec la famille Delmare. Il savait qu'en se faisant protéger par madame de Carvajal il pourrait voir Indiana. Le soir du troisième jour, il se fit présenter chez elle.

Il n'y avait dans ce salon que quatre ou cinq figures ostrogothiques, jouant gravement au reversi, et deux ou trois fils de famille, aussi nuls qu'il est permis de l'être quand on a seize quartiers de noblesse. Indiana remplissait patiemment un fond de tapisserie sur le métier de sa tante. Elle était penchée sur son ouvrage, absorbée en apparence par cette occupation mécanique, et contente peut-être de pouvoir échapper ainsi au froid bavardage de ses voisins. Je ne sais si, cachée par ses longs cheveux noirs qui pendaient sur les fleurs de son

Indiana the little château of Lagny and the factory connected with it. In two years, thanks to Monsieur Delmare's technical knowledge and certain funds advanced by Sir Rodolphe Brown, his wife's cousin by marriage, the colonel's affairs took a fortunate turn; he began to pay off his debts, and Madame de Carvajal, in whose eyes fortune was the first recommendation, manifested much affection for her niece and promised her the remnant of her wealth. Indiana, who was devoid of ambition, was devotedly kind and attentive to her aunt from gratitude, not from self-interest; but there was at least as much of one as of the other in the colonel's manœuvres. He was a man of iron in the matter of his political opinions; he would listen to no argument concerning the unassailable glory of his great emperor, and he upheld that glory with the blind obstinacy of a child of sixty years. He was obliged therefore to put forth all his patience to refrain from breaking out again and again in Madame de Carjaval's salon, where the Restoration was lauded to the skies. What Delmare suffered at the hands of five or six pious old women is beyond description. His vexation on this account was in part the cause of his frequent ill-humor against his wife.

So much for Madame de Carvajal; we return now to Monsieur de Ramière. At the end of three days he had learned all these domestic details, so actively had he followed up everything likely to put him in the way of an intimate acquaintance with the Delmare family. He learned that by acquiring Madame de Carvajal's favor he could obtain opportunities of meeting Indiana. On the evening of the third day he procured an introduction to the aunt.

In her salon there were four or five barbarians solemnly playing *reversi,* and two or three young men of family, as utterly vapid as it is allowable for a man to be who has sixteen quarterings of nobility. Indiana was at work patiently filling in the background of a piece of embroidery on her aunt's frame. She was leaning over her work, apparently absorbed by that mechanical operation, and, it may be, well pleased to escape in this way the dull chatter of her neighbors. For aught I know, behind the long black hair that fell over the flowers

métier, elle repassait dans son âme les émotions de cet instant rapide qui l'avait initiée à une vie nouvelle, lorsque la voix du domestique qui annonça plusieurs personnes l'avertit de se lever. Elle le fit machinalement, car elle n'avait pas écouté les noms, et à peine si elle détachait les yeux de sa broderie lorsqu'une voix la frappa d'un coup électrique, et elle fut obligée de s'appuyer sur sa table à ouvrage pour ne pas tomber.

of her embroidery, she was reviewing in her mind the emotions of that fleeting instant which had opened the door of a new life to her, when the servant's voice, announcing several new arrivals, made it necessary for her to rise. She did so mechanically, for she had paid no heed to the names, and barely lifted her eyes from her embroidery; but a voice at her side made her start as if she had received an electric shock, and she was obliged to lean on her work-table to avoid falling.

VI.

Raymon ne s'était pas attendu à ce salon silencieux, parsemé de figures rares et discrètes. Impossible de placer une parole qui ne fût entendue dans tous les coins de l'appartement. Les douairières qui jouaient aux cartes semblaient n'être là que pour gêner les propos des jeunes gens, et, sur leurs traits rigides Raymon croyait lire la secrète satisfaction de la vieillesse, qui se venge en réprimant les plaisirs des autres. Il avait compté sur une entrevue plus facile, sur un entretien plus tendre que celui du bal, et c'était le contraire. Cette difficulté imprévue donna plus d'intensité à ses désirs, plus de feu à ses regards, plus d'animation et de vie aux interpellations détournées qu'il adressait à madame Delmare. La pauvre enfant était tout à fait novice à ce genre d'attaque. Elle n'avait pas de défense possible, parce qu'on ne lui demandait rien ; mais elle était forcée d'écouter l'offre d'un cœur ardent, d'apprendre combien elle était aimée, et de se laisser entourer par tous les dangers de la séduction sans faire de résistance. Son embarras croissait avec la hardiesse de Raymon. Madame de Carvajal, qui avait des prétentions fondées à l'esprit, et à qui l'on avait vanté celui de M. de Ramière, quitta le jeu pour engager avec lui une élégante discussion sur l'amour, où elle fit entrer beaucoup de passion espagnole et de métaphysique allemande. Raymon accepta le défi avec empressement, et, sous le prétexte de répondre à la tante, il dit à la nièce tout ce qu'elle eût refusé d'entendre. La pauvre jeune femme, dénuée de protection, exposée de tous côtés à une attaque si vive et si habile, ne put trouver la force de se mêler à cet entretien épineux. En vain la tante, jalouse de la faire briller, l'appela en témoignage de certaines subtilités de sentiment théorique ; elle avoua en rougissant qu'elle ne savait rien de tout cela, et Raymon, ivre de joie en voyant ses joues se colorer et son sein se gonfler, jura qu'il le lui apprendrait.

VI

Raymon was not prepared for that silent salon, peopled only by a few taciturn guests. It was impossible to utter a word which was not heard in every corner of the room. The dowagers who were playing cards seemed to be there for the sole purpose of embarrassing the conversation of the younger guests, and Raymon fancied that he could read on their stern features the secret satisfaction which old age takes in avenging itself by blocking other people's pleasure. He had counted upon a less constrained, tenderer interview than that of the ball, and it was just the opposite. This unexpected difficulty gave greater intensity to his desires, more fire to his glances, more animation and vivacity to the roundabout remarks he addressed to Madame Delmare. The poor child was altogether unused to this style of attack. She could not possibly defend herself, because nothing was asked of her; but she was forced to listen to the proffer of an ardent heart, to learn how dearly she was loved, and to allow herself to be encompassed by all the perils of seduction without making any resistance. Her embarrassment increased with Raymon's boldness. Madame de Carvajal, who made some reasonably well-founded claims to wit, and to whom Monsieur de Ramière's wit had been highly praised, left the card-table to challenge him to a refined discussion concerning love, into which she introduced much Spanish heat and German metaphysics. Raymon eagerly accepted the challenge, and, on the pretext of answering the aunt, said to the niece all that she would have refused to hear. The poor young wife, without a protector and exposed to so lively and skilful an assault on all sides, could not muster strength to take part in that thorny discussion. In vain did her aunt, who was anxious to exhibit her to advantage, call upon her to testify to the truth of certain subtle theories of sentiment; she confessed blushingly that she knew nothing about such things, and Raymon, intoxicated with joy to see her cheeks flush and her bosom heave, swore inwardly that he would teach her.

Indiana dormit encore moins cette nuit-là que les précédentes ; nous l'avons dit, elle n'avait pas encore aimé, et son cœur était depuis longtemps mûr pour un sentiment que n'avait pu lui inspirer aucun des hommes qu'elle avait rencontrés. Élevée par un père bizarre et violent, elle n'avait jamais connu le bonheur que donne l'affection d'autrui. M. de Carvajal, enivré de passions politiques, bourrelé de regrets ambitieux, était devenu aux colonies le planteur le plus rude et le voisin le plus fâcheux ; sa fille avait cruellement souffert de son humeur chagrine. Mais en voyant le continuel tableau des maux de la servitude, en supportant les ennuis de l'isolement et de la dépendance, elle avait acquis une patience extérieure à toute épreuve, une indulgence et une bonté adorables avec ses inférieurs, mais aussi une volonté de fer, une force de résistance incalculable contre tout ce qui tendait à l'opprimer. En épousant Delmare, elle ne fit que changer de maître ; en venant habiter le Lagny, que changer de prison et de solitude. Elle n'aima pas son mari, par la seule raison peut-être qu'on lui faisait un devoir de l'aimer, et que résister mentalement à toute espèce de contrainte morale était devenu chez elle une seconde nature, un principe de conduite, une loi de conscience. On n'avait point cherché à lui en prescrire d'autre que celle de l'obéissance aveugle.

Élevée au désert, négligée de son père, vivant au milieu des esclaves, pour qui elle n'avait d'autre secours, d'autre consolation que sa compassion et ses larmes, elle s'était habituée à dire : « Un jour viendra où tout sera changé dans ma vie, où je ferai du bien aux autres ; un jour où l'on m'aimera, où je donnerai tout mon cœur à celui qui me donnera le sien ; en attendant, souffrons ; taisons-nous, et gardons notre amour pour récompense à qui me délivrera. » Ce libérateur, ce messie n'était pas venu ; Indiana l'attendait encore. Elle n'osait plus, il est vrai, s'avouer toute sa pensée. Elle avait compris sous les charmilles taillées du Lagny que la pensée même devait avoir là plus d'entraves que sous les palmistes sauvages de l'île Bourbon ; et lorsqu'elle se surprenait à dire encore par l'habitude : « Un jour viendra... un homme viendra... », elle refoulait

Indiana slept less that night than she had done for the last two or three nights; as we have said, she had never been in love, and her heart had long been ripe for a sentiment which none of the men she had met hitherto had succeeded in arousing. She had been brought up by a father of an eccentric and violent character, and had never known the happiness which is derived from the affection of another person. Monsieur de Carvajal, drunk with political passions, consumed by ambitious regrets, had become the most cruel planter and the most disagreeable neighbor in the colonies; his daughter had suffered keenly from his detestable humor. But, by dint of watching the constant tableau of the evils of slavery, of enduring the weariness of solitude and dependence, she had acquired a superficial patience, proof against every trial, an adorable kindliness toward her inferiors, but also an iron will and an incalculable power of resistance to everything that tended to oppress her. By marrying Delmare she simply changed masters; by coming to live at Lagny, she changed her prison and the locus of her solitude. She did not love her husband, perhaps for the very reason that she was told that it was her duty to love him, and that it had become with her a sort of second nature, a principle of conduct, a law of conscience, to resist mentally every sort of moral constraint. No one had attempted to point out to her any other law than that of blind obedience.

Brought up in the desert, neglected by her father, surrounded by slaves, to whom she could offer no other assistance or encouragement than her compassion and her tears, she had accustomed herself to say: "A day will come when everything in my life will be changed, when I shall do good to others, when some one will love me, when I shall give my whole heart to the man who gives me his; meanwhile, I will suffer in silence and keep my love as a reward for him who shall set me free." This liberator, this Messiah had not come; Indiana was still awaiting him. She no longer dared, it is true, to confess to herself her whole thought. She had realized under the clipped hedge-rows of Lagny that thought itself was more fettered there than under the wild palms of Ile Bourbon; and when she caught herself saying, as she used to say: "A day will come—a man will come"—she forced that

ce vœu téméraire au fond de son âme, et se disait : « Il faudra donc mourir ! »

Aussi elle se mourait. Un mal inconnu dévorait sa jeunesse. Elle était sans force et sans sommeil. Les médecins lui cherchaient en vain une désorganisation apparente, il n'en existait pas ; toutes ses facultés s'appauvrissaient également, tous ses organes se lésaient avec lenteur ; son cœur brûlait à petit feu, ses yeux s'éteignaient, son sang ne circulait plus que par crise et par fièvre ; encore quelque temps, et la pauvre captive allait mourir. Mais, quelle que fût sa résignation ou son découragement, le besoin restait le même. Ce cœur silencieux et brisé appelait toujours à son insu un cœur jeune et généreux pour le ranimer. L'être qu'elle avait le plus aimé jusque-là, c'était Noun, la compagne enjouée et courageuse de ses ennuis ; et l'homme qui lui avait témoigné le plus de prédilection, c'était son flegmatique cousin sir Ralph. Quels aliments pour la dévorante activité de ses pensées, qu'une pauvre fille ignorante et délaissée comme elle, et un Anglais passionné seulement pour la chasse du renard !

Madame Delmare était vraiment malheureuse, et la première fois qu'elle sentit dans son atmosphère glacée pénétrer le souffle embrasé d'un homme jeune et ardent, la première fois qu'une parole tendre et caressante enivra son oreille, et qu'une bouche frémissante vint comme un fer rouge marquer sa main, elle ne pensa ni aux devoirs qu'on lui avait imposés, ni à la prudence qu'on lui avait recommandée, ni à l'avenir qu'on lui avait prédit ; elle ne se rappela que le passé odieux, ses longues souffrances, ses maîtres despotiques. Elle ne pensa pas non plus que cet homme pouvait être menteur ou frivole. Elle le vit comme elle le désirait, comme elle l'avait rêvé, et Raymon eût pu la tromper s'il n'eût pas été sincère.

Mais comment ne l'eût-il pas été auprès d'une femme si belle et si aimante ! Quelle autre s'était jamais montrée à lui avec autant de candeur et d'innocence ? Chez qui avait-il trouvé à placer un avenir si riant et si sûr ? N'était-elle pas née pour l'aimer, cette femme

rash longing back to the depths of her heart, and said to herself: "Death alone will bring that day!"

And so she was dying. A strange malady was consuming her youth. She was without strength and unable to sleep. The doctors looked in vain for any discoverable disorder, for none existed; all her faculties were failing away in equal degree, all her organs were gradually degenerating; her heart was burning at a slow fire, her eyes were losing their lustre, the circulation of her blood was governed entirely by excitement and fever; a few months more and the poor captive bird would surely die. But, whatever the extent of her resignation and her discouragement, the need remained the same. That silent, broken heart was still calling involuntarily to some generous youthful heart to revivify it. The being whom she had loved most dearly hitherto was Noun, the cheery and brave companion of her tedious solitude; and the man who had manifested the greatest liking for her was her phlegmatic cousin Sir Ralph. What food for the all-consuming activity of her thoughts—a poor girl, ignorant and neglected like herself, and an Englishman whose only passion was fox-hunting!

Madame Delmare was genuinely unhappy, and the first time that she felt the burning breath of a young and passionate man enter her frigid atmosphere, the first time that a tender and caressing word delighted her ear, and quivering lips left a mark as of a red-hot iron on her hand, she thought neither of the duties that had been laid upon her, nor of the prudence that had been enjoined upon her, nor of the future that had been predicted for her; she remembered only the hateful past, her long suffering, her despotic masters. Nor did it occur to her that the man before her might be false or fickle. She saw him as she wished him to be, as she had dreamed of him, and Raymon could easily have deceived her if he had not been sincere.

But how could he fail to be sincere with so lovely and loving a woman? What other had ever laid bare her heart to him with such candor and ingenuousness? With what other had he been able to look forward to a future so captivating and so secure? Was she not born to

esclave qui n'attendait qu'un signe pour briser sa chaîne, qu'un mot pour le suivre ? Le ciel, sans doute, l'avait formée pour Raymon, cette triste enfant de l'île Bourbon, que personne n'avait aimée, et qui sans lui devait mourir.

Néanmoins un sentiment d'effroi succéda, dans le cœur de madame Delmare, à ce bonheur fiévreux qui venait de l'envahir. Elle songea à son époux si ombrageux, si clairvoyant, si vindicatif, et elle eut peur, non pour elle qui était aguerrie aux menaces, mais pour l'homme qui allait entreprendre une guerre à mort avec son tyran. Elle connaissait si peu la société qu'elle se faisait de la vie un roman tragique ; timide créature qui n'osait aimer, dans la crainte d'exposer son amant à périr, elle ne songeait nullement au danger de se perdre.

Ce fut donc là le secret de sa résistance, le motif de sa vertu. Elle prit le lendemain la résolution d'éviter M. de Ramière. Il y avait, le soir même, bal chez un des premiers banquiers de Paris. Madame de Carvajal, qui aimait le monde comme une vieille femme sans affections, voulait y conduire Indiana ; mais Raymon devait y être, et Indiana se promit de n'y pas aller. Pour éviter les persécutions de sa tante, madame Delmare, qui ne savait résister que de fait, feignit d'accepter la proposition ; elle laissa préparer sa toilette, et elle attendit que madame de Carvajal eût fait la sienne ; alors elle passa une robe de chambre, s'installa au coin du feu, et l'attendit de pied ferme. Quand la vieille Espagnole, roide et parée comme un portrait de Van Dyck, vint pour la prendre, Indiana déclara qu'elle se trouvait malade et ne se sentait pas la force de sortir. En vain la tante insista pour qu'elle fît un effort.

« Je le voudrais de tout mon cœur, répondit-elle ; vous voyez que je ne puis me soutenir. Je ne vous serais qu'embarrassante aujourd'hui. Allez au bal sans moi, ma bonne tante, je me réjouirai de votre plaisir.

love him, this slave who simply awaited a sign to break her chains, a word to follow him? Evidently heaven had made for Raymon this melancholy child of Ile Bourbon, whom no one had ever loved, and who but for him must have died.

Nevertheless a feeling of terror succeeded this all-pervading, feverish joy in Madame Delmare's heart. She thought of her quick-tempered, keen-eyed, vindictive husband, and she was afraid,—not for herself, for she was inured to threats, but for the man who was about to undertake a battle to the death with her tyrant. She knew so little of society that she transformed her life into a tragic romance; a timid creature, who dared not love for fear of endangering her lover's life, she gave no thought to the danger of destroying herself.

This then was the secret of her resistance, the motive of her virtue. She made up her mind on the following day to avoid Monsieur de Ramière. That very evening there was a ball at the house of one of the leading bankers of Paris. Madame de Carvajal, who, being an old woman with no ties of affection, was very fond of society, proposed to attend with Indiana; but Raymon was to be there and Indiana determined not to go. To avoid her aunt's persecution, Madame Delmare, who was never able to resist except in action, pretended to assent to the plan; she allowed herself to be dressed and waited until Madame de Carvajal was ready; then she changed her ball dress for a robe de chambre, seated herself in front of the fire and resolutely awaited the conflict. When the old Spaniard, as rigid and gorgeous as a portrait by Van Dyck, came to call her, Indiana declared that she was not well and did not feel that she could go out. In vain did her aunt urge her to make an effort.

"I would be only too glad to go," she said, "but you see that I can hardly stand. I should be only a trouble to you to-night. Go to the ball without me, dear aunt; I shall enjoy the thought of your pleasure."

— *Aller sans toi ! dit madame de Carvajal, qui mourrait d'envie de n'avoir pas fait une toilette inutile, et qui reculait devant l'effroi d'une soirée solitaire. Mais qu'irai-je faire dans le monde, moi, vieille femme, que l'on ne recherche que pour t'approcher ? Que deviendrai-je sans les beaux yeux de ma nièce pour me faire valoir ?*

— *Votre esprit y suppléera, ma bonne tante, » dit Indiana.*

La marquise de Carvajal, qui ne demandait qu'à se laisser persuader, partit enfin. Alors Indiana cacha sa tête dans ses deux mains et se mit à pleurer ; car elle avait fait un grand sacrifice, et croyait avoir déjà ruiné le riant édifice de la veille.

Mais il n'en pouvait être ainsi pour Raymon. La première chose qu'il vit au bal, ce fut l'orgueilleuse aigrette de la vieille marquise. En vain il chercha autour d'elle la robe blanche et les cheveux noirs d'Indiana. Il approcha ; il entendit qu'elle disait à demi-voix à une autre femme :

« Ma nièce est malade, ou plutôt, ajouta-t-elle pour autoriser sa présence au bal, c'est un caprice de jeune femme. Elle a voulu rester seule, un livre à la main dans le salon, comme une belle sentimentale.

— *Me fuirait-elle ? » pensa Raymon.*

Aussitôt il quitte le bal. Il arrive chez la marquise, passe sans rien dire au concierge, et demande madame Delmare au premier domestique qu'il trouve à demi endormi dans l'antichambre.

« Madame Delmare est malade.

— *Je le sais. Je viens chercher de ses nouvelles de la part de madame de Carvajal.*

"Go without you!" said Madame de Carvajal, who was sorely distressed at the idea of having made an elaborate toilet to no purpose, and who shrank from the horrors of a solitary evening. "Why, what business have I in society, an old woman whom no one speaks to except to be near you? What will become of me without my niece's lovely eyes to give me value?"

"Your wit will fill the gap, my dear aunt," said Indiana.

The Marquise de Carvajal, who only wanted to be urged, set off at last. Whereupon, Indiana hid her face in her hands and began to weep; for she had made a great sacrifice and believed that she had already blasted the attractive prospect of the day before.

But Raymon would not have it so. The first thing that he saw at the ball was the old marchioness's haughty aigrette. In vain did he look for Indiana's white dress and black hair in her vicinity. He drew near and heard her say in an undertone to another lady:

"My niece is ill; or rather," she added, to justify her own presence at the ball, "it's a mere girlish whim. She wanted to be left alone in the salon with a book in her hand, like a sentimental beauty."

"Can it be that she is avoiding me?" thought Raymon.

He left the ball at once. He hurried to the marchioness's house, entered without speaking to the concierge, and asked the first servant that he saw, who was half asleep in the antechamber, for Madame Delmare.

"Madame Delmare is ill."

"I know it. I have come at Madame de Carvajal's request to see how she is."

— Je vais prévenir madame…

— C'est inutile ; madame Delmare me recevra. »

Et Raymon entre sans se faire annoncer. Tous les autres domestiques étaient couchés. Un triste silence régnait dans ces appartements déserts. Une seule lampe, couverte de son chapiteau de taffetas vert, éclairait faiblement le grand salon. Indiana avait le dos tourné à la porte ; cachée tout entière dans un large fauteuil, elle regardait tristement brûler les tisons, comme le soir où Raymon était entré au Lagny par-dessus les murs ; plus triste maintenant, car à une souffrance vague, à des désirs sans but, avaient succédé une joie fugitive, un rayon de bonheur perdu.

Raymon, chaussé pour le bal, approcha sans bruit sur le tapis sourd et moelleux. Il la vit pleurer, et lorsqu'elle tourna la tête, elle le trouva à ses pieds, s'emparant avec force de ses mains, qu'elle s'efforçait en vain de lui retirer. Alors, j'en conviens, elle vit avec une ineffable joie échouer son plan de résistance. Elle sentit qu'elle aimait avec passion cet homme qui ne s'inquiétait point des obstacles, et qui venait lui donner du bonheur malgré elle. Elle bénit le ciel qui rejetait son sacrifice, et, au lieu de gronder Raymon, elle faillit le remercier.

Pour lui, il savait déjà qu'il était aimé. Il n'avait pas besoin de voir la joie qui brillait au travers de ses larmes pour comprendre qu'il était le maître et qu'il pouvait oser. Il ne lui donna pas le temps de l'interroger, et, changeant de rôle avec elle, sans lui expliquer sa présence inattendue, sans chercher à se rendre moins coupable qu'il ne l'était :

"I will tell madame."

"It is not necessary. Madame Delmare will receive me."

And Raymon entered the salon unannounced. All the other servants had retired. A melancholy silence reigned in the deserted apartments. A single lamp, covered with its green silk shade, lighted the main salon dimly. Indiana's back was turned to the door; she was completely hidden in the depths of a huge easy-chair, sadly watching the burning logs, as on the evening when Raymon entered the park of Lagny over the wall; sadder now, for her former undefined sufferings, aimless desires had given place to a fleeting joy, a gleam of happiness that was not for her.

Raymon, his feet encased in dancing shoes, approached noiselessly over the soft, heavy carpet. He saw that she was weeping, and, when she turned her head, she found him at her feet, taking forcible possession of her hands, which she struggled in vain to withdraw from his clasp. Then, I agree, she was overjoyed beyond words to find that her scheme of resistance had failed. She felt that she passionately loved this man who paid no heed to obstacles and who had brought happiness to her in spite of her efforts. She blessed heaven for rejecting her sacrifice, and, instead of scolding Raymon, she was very near thanking him.

As for him, he knew already that she loved him. He needed not to see the joy that shone through her tears to realize that he was master, and that he could venture. He gave her no time to question him, but, changing rôles with her, vouchsafing no explanation of his unlooked-for presence, and no apology intended to make him seem less guilty than he was, he said:

Pourquoi pleurez-vous ?

« *Indiana, lui dit-il, vous pleurez… Pourquoi pleurez-vous ?… Je veux le savoir.* »

Elle tressaillit de s'entendre appeler par son nom ; mais il y eut encore du bonheur dans la surprise que lui causa cette audace.

the proper place for this stranger, who certainly had not the means to pay the expenses of a long and costly illness. However, as she was a woman *overflowing with humanity,* she caused her to be put to bed and sent for a doctor to ascertain if the illness would last more than a day or two.

A doctor appeared who had not been sent for. Indiana, on opening her eyes, found him beside her bed. I need not tell you his name.

"Oh! you here! you here!" she cried, throwing herself, almost fainting, on his breast. "You are my good angel! But you come too late, and I can do nothing for you except to die blessing you."

"You will not die, my dear," replied Ralph with deep emotion; "life may still smile upon you. The laws which interfered with your happiness no longer fetter your affection. I would have preferred to destroy the invincible spell which a man whom I neither like nor esteem has cast upon you; but that is not in my power, and I am tired of seeing you suffer. Hitherto your life has been perfectly frightful; it cannot be more so. Besides, even if my gloomy forebodings are realized and the happiness of which you have dreamed is destined to be of short duration, you will at least have enjoyed it for some little time, you will not die without a taste of it. So I sacrifice all my repugnance and dislike. The destiny which casts you, all alone as you are, into my arms, imposes upon me the duties of a father and a guardian toward you. I come to tell you that you are free and that you may unite your lot to Monsieur de Ramière's. Delmare is no more."

Tears rolled slowly down Ralph's cheeks while he was speaking. Indiana suddenly sat up in bed and cried, wringing her hands in despair:

"My husband is dead! and it was I who killed him! And you talk to me of the future and happiness, as if such a thing were possible for the heart that detests and despises itself! But be sure that God is just

juste, et que je suis maudite ! M. de Ramière est marié. »

Elle retomba épuisée dans les bras de son cousin. Ils ne purent reprendre cet entretien que plusieurs heures après.

« Que votre conscience justement troublée se rassure, lui dit Ralph d'un ton solennel, mais doux et triste. Delmare était frappé à mort quand vous l'avez abandonné ; il ne s'est point éveillé du sommeil où vous l'avez laissé, il n'a point su votre fuite, il est mort sans vous maudire et sans vous pleurer. Vers le matin, en sortant de l'assoupissement où j'étais tombé, auprès de son lit, je trouvai sa figure violette, son sommeil lourd et brûlant : il était déjà frappé d'apoplexie. Je courus à votre chambre, je fus surpris de ne vous y pas trouver ; mais je n'avais pas le temps de chercher les motifs de votre absence ; je ne m'en suis sérieusement alarmé qu'après la mort de Delmare. Tous les secours de l'art furent inutiles, le mal fit d'effrayants progrès ; une heure après il expira dans mes bras sans retrouver l'usage de ses sens. Cependant, au dernier moment, son âme appesantie et glacée sembla faire un effort pour se ranimer ; il chercha ma main qu'il prit pour la vôtre ; car les siennes étaient déjà raides et insensibles ; il s'efforça de la serrer, et il mourut en bégayant votre nom.

— J'ai recueilli ses dernières paroles, dit Indiana d'un air sombre ; au moment où je le quittais pour toujours, il me parla dans son sommeil : « Cet homme te perdra, » m'a-t-il dit. Ces paroles sont là, ajouta-t-elle en portant une main à son cœur et l'autre à son cerveau.

— Quand j'eus la force de distraire mes yeux et ma pensée de ce cadavre, poursuivit Ralph, je songeai à vous ; à vous, Indiana, qui désormais étiez libre et qui ne pouviez pleurer votre maître que par bonté de cœur ou par religion. J'étais le seul à qui sa mort enlevât quelque chose, car j'étais son ami, et, s'il n'était pas toujours sociable, du moins n'avais-je pas de rival dans son cœur. Je craignis pour vous l'effet d'une trop prompte nouvelle, et j'allai vous attendre à l'entrée de la case, pensant que vous ne tarderiez pas à revenir de

and that I am cursed. Monsieur de Ramière is married."

She fell back, utterly exhausted, into her cousin's arms. They were unable to resume conversation until several hours later.

"Your justly disturbed conscience may be set at rest," said Ralph, in a solemn, but sad and gentle tone. "Delmare was at death's door when you deserted him: he did not wake from the sleep in which you left him, he never knew of your flight, he died without cursing you or weeping for you. Toward morning, when I woke from the heavy sleep into which I had fallen beside his bed, I found his face purple and he was burning hot and breathing stertorously in his sleep; he was already stricken with apoplexy. I ran to your room and was surprised not to find you there; but I had no time to try to discover the explanation of your absence; I was not seriously alarmed about it until after Delmare's death. Everything that skill could do was of no avail, the disease progressed with startling rapidity, and he died an hour later, in my arms, without recovering the use of his senses. At the last moment, however, his benumbed, clouded mind seemed to make an effort to come to life; he felt for my hand which he took for yours—his were already stiff and numb—he tried to press it, and died, stammering your name."

"I heard his last words," said Indiana gloomily; "at the moment that I left him forever, he spoke to me in his sleep. 'That man will ruin you,' he said. Those words are here," she added, putting one hand to her heart and the other to her head.

"When I succeeded in taking my eyes and my thoughts from that dead body," continued Ralph, "I thought of you; of you, Indiana, who were free thenceforth, and who could not weep for your master unless from kindness of heart or religious feeling. I was the only one whom his death deprived of something, for I was his friend, and, even if he was not always very sociable, at all events I had no rival in his heart. I feared the effect of breaking the news to you too suddenly, and I went to the door to wait for you, thinking that you would soon return from

votre promenade matinale. J'attendis longtemps. Je ne vous dirai pas mes angoisses, mes recherches, ma terreur, lorsque je trouvai le cadavre d'Ophélia, tout sanglant et tout brisé par les rochers ; les vagues l'avaient jeté sur la grève. Hélas ! je cherchai longtemps, croyant y découvrir bientôt le vôtre ; car je pensais que vous vous étiez donné la mort, et, pendant trois jours, j'ai cru qu'il ne me resterait plus rien à aimer sur la terre. Il est inutile de vous parler de mes douleurs, vous avez dû les prévoir en m'abandonnant.

« Cependant le bruit se répandit bientôt dans la colonie que vous aviez pris la fuite. Un bâtiment qui entrait dans la rade s'était croisé avec le brick l'Eugène par le travers du canal de Mozambique ; l'équipage avait abordé votre navire. Un passager vous avait reconnue, et en moins de trois jours toute l'île fut informée de votre départ.

« Je vous fais grâce des bruits absurdes et outrageants qui résultèrent de la rencontre de ces deux circonstances dans la même nuit, votre fuite et la mort de votre mari. Je ne fus pas épargné dans les charitables inductions qu'on se plut à en tirer ; mais je ne m'en occupai point. J'avais encore un devoir à remplir sur la terre, celui de m'assurer de votre existence et de vous porter des secours s'il était nécessaire. Je suis parti peu de temps après vous ; mais la traversée a été horrible, et je ne suis en France que depuis huit jours. Ma première pensée a été de courir chez M. de Ramière pour m'informer de vous. Mais le hasard m'a fait rencontrer son domestique Carle, qui venait de vous conduire ici. Je n'ai pas fait d'autre question que celle de votre domicile, et je suis venu avec la conviction que je ne vous y trouverais pas seule.

— Seule, seule ! indignement abandonnée ! s'écria madame Delmare. Mais ne parlons pas de cet homme, n'en parlons jamais. Je ne veux plus l'aimer, car je le méprise ; mais il ne faut pas me dire que je l'ai aimé, c'est me rappeler ma honte et mon crime ; c'est jeter un reproche terrible sur mes derniers instants. Ah ! sois mon ange consolateur, toi qui viens dans toutes les crises de ma déplorable vie

your morning walk. I waited a long while. I will not attempt to describe my anxiety, my search, and my alarm when I found Ophelia's body, all bleeding and bruised by the rocks; the waves had washed it upon the beach. I looked a long while, alas! expecting to discover yours; for I thought that you had taken your own life, and for three days I believed that there was nothing left on earth for me to love. It is useless to speak of my grief; you must have foreseen it when you abandoned me.

"Meanwhile, a rumor that you had fled spread swiftly through the colony. A vessel came into port that had passed the *Eugène* in Mozambique Channel; some of the ship's company had been aboard your ship. A passenger had recognized you, and in less than three days the whole island knew of your departure.

"I spare you the absurd and insulting reports that resulted from the coincidence of those two events on the same night, your flight and your husband's death. I was not spared in the charitable conclusions that people amused themselves by drawing; but I paid no attention to them. I had still one duty to perform on earth, to make sure of your welfare and to lend you a helping hand if necessary. I sailed soon after you; but I had a horrible voyage and have been in France only a week. My first thought was to go to Monsieur de Ramière to inquire about you; but by good luck I met his servant Carle, who had just brought you here. I asked him no questions except where you were living, and I came here with the conviction that I should not find you alone."

"Alone, alone! shamefully abandoned!" cried Madame Delmare. "But let us not speak of that man, let us never speak of him. I can never love him again, for I despise him; but you must not tell me that I once loved him, for that reminds me of my shame and my crime; it casts a terrible reproach upon my last moments. Ah! be my angel of consolation; you who never fail to come and offer me a friendly hand

me tendre une main amie. Accomplis avec miséricorde ta dernière mission auprès de moi ; dis-moi des paroles de tendresse et de pardon, afin que je meure tranquille, et que j'espère le pardon du juge qui m'attend là-haut. »

Elle espérait mourir ; mais le chagrin rive la chaîne de notre vie au lieu de la briser. Elle ne fut même pas dangereusement malade, elle n'en avait plus la force ; seulement elle tomba dans un état de langueur et d'apathie qui ressemblait à l'imbécillité.

Ralph essaya de la distraire ; il l'éloigna de tout ce qui pouvait lui rappeler Raymon. Il l'emmena en Touraine ; il l'environna de toutes les aises de la vie ; il consacrait tous ses instants à lui en procurer quelques-uns de supportables ; et, quand il n'y réussissait point, quand il avait épuisé toutes les ressources de son art et de son affection sans avoir pu faire briller un faible rayon de plaisir sur ce visage morne et flétri, il déplorait l'impuissance de sa parole, et se reprochait amèrement l'inhabileté de sa tendresse.

Un jour, il la trouva plus anéantie, plus accablée que jamais. Il n'osa point lui parler, et s'assit auprès d'elle d'un air triste. Indiana, se tournant alors vers lui et lui pressant la main tendrement :

« Je te fais bien du mal, pauvre Ralph ! lui dit-elle, et il faut que tu aies bien de la patience pour supporter le spectacle d'une infortune égoïste et lâche comme la mienne ! Ta rude tâche est depuis longtemps remplie. L'exigence la plus insensée ne pourrait pas demander à l'amitié plus que tu n'as fait pour moi. Maintenant, abandonne-moi au mal qui me ronge ; ne gâte pas ta vie pure et sainte par le contact d'une vie maudite ; essaye de trouver ailleurs le bonheur qui ne peut pas naître auprès de moi.

— Je renonce en effet à vous guérir, Indiana, répondit-il ; mais je ne vous abandonnerai jamais, même quand vous me diriez que je vous suis importun ; car vous avez encore besoin de soins matériels, et si

in all the crises of my miserable life. Fulfil with pity your last mission; say to me words of affection and forgiveness, so that I may die at peace, and hope for pardon from the Judge who awaits me on high."

She hoped to die; but grief rivets the chain of life instead of breaking it. She was not even dangerously ill; she simply had no strength, and lapsed into a state of languor and apathy which resembled imbecility.

Ralph tried to distract her; he took her away from everything that could remind her of Raymon. He took her to Touraine, he surrounded her with all the comforts of life; he devoted all his time to making a portion of hers endurable; and when he failed, when he had exhausted all the resources of his art and his affection without bringing a feeble gleam of pleasure to that gloomy, careworn face, he deplored the powerlessness of his words and blamed himself bitterly for the ineptitude of his affection.

One day he found her more crushed and hopeless than ever. He dared not speak to her, but sat down beside her with a melancholy air. Thereupon, Indiana turned to him and said, pressing his hand tenderly:

"I cause you a vast deal of pain, poor Ralph! and you must be patient beyond words to endure the spectacle of such egotistical, cowardly misery as mine! Your unpleasant task was finished long ago. The most insanely exacting woman could not ask of friendship more than you have done for me. Now leave me to the misery that is gnawing at my heart; do not spoil your pure and holy life by contact with an accursed life; try to find elsewhere the happiness which cannot exist near me."

"I do in fact give up all hope of curing you, Indiana," he replied; "but I will never abandon you even if you should tell me that I annoy you; for you still require bodily care, and if you are not willing that I

vous ne voulez pas que je sois votre ami, je serai au moins votre laquais. Cependant, écoutez-moi ; j'ai un expédient à vous proposer que j'ai réservé pour la dernière période du mal, mais qui certes est infaillible.

— Je ne connais qu'un remède au chagrin, répondit-elle, c'est l'oubli ; car j'ai eu le temps de me convaincre que la raison est impuissante. Espérons donc tout du temps. Si ma volonté pouvait obéir à la reconnaissance que tu m'inspires, dès à présent je serais riante et calme comme aux jours de notre enfance ; crois bien, ami, que je ne me plais pas à nourrir mon mal et à envenimer ma blessure ; ne sais-je pas que toutes mes souffrances retombent sur ton cœur ? Hélas ! je voudrais oublier, guérir ! mais je ne suis qu'une faible femme. Ralph, sois patient et ne me crois pas ingrate. »

Elle fondit en larmes. Sir Ralph prit sa main :

« Écoute, ma chère Indiana, lui dit-il, l'oubli n'est pas en notre pouvoir ; je ne t'accuse pas ! je puis souffrir patiemment ; mais te voir souffrir est au-dessus de mes forces. D'ailleurs, pourquoi lutter ainsi, faibles créatures que nous sommes, contre une destinée de fer ? C'est bien assez traîner ce boulet ; le Dieu que nous adorons, toi et moi, n'a pas destiné l'homme à tant de misères sans lui donner l'instinct de s'y soustraire ; et ce qui fait, à mon avis, la principale supériorité de l'homme sur la brute, c'est de comprendre où est le remède à tous ses maux. Ce remède, c'est le suicide ; c'est celui que je te propose, que je te conseille.

— J'y ai souvent songé, répondit Indiana après un court silence. Jadis de violentes tentations m'y convièrent, mais un scrupule religieux m'arrêta. Depuis, mes idées s'élevèrent dans la solitude. Le malheur, en s'attachant à moi, m'enseigna peu à peu une autre religion que la religion enseignée par les hommes. Quand tu es venu à mon secours, j'étais déterminée à me laisser mourir de faim ; mais tu m'as priée de vivre, et je n'avais pas le droit de te refuser ce sacrifice. Maintenant, ce qui m'arrête, c'est ton existence, c'est ton

should be your friend, I will at all events be your servant. But listen to me; I have an expedient to propose to you which I have kept in reserve for the last stage of the disease, but which certainly is infallible."

"I know but one remedy for sorrow," she replied, "and that is forgetting; for I have had time to convince myself that argument is unavailing. Let us hope everything from time, therefore. If my will could obey the gratitude which you inspire in me, I should be now as cheerful and calm as in the days of our childhood; believe me, my friend, I take no pleasure in nourishing my trouble and inflaming my wound; do I not know that all my sufferings rebound on your heart? Alas! I would like to forget, to be cured! but I am only a weak woman. Ralph, be patient and do not think me ungrateful."

She burst into tears. Sir Ralph took her hand.

"Listen, dear Indiana," he said; "to forget is not in our power; I do not accuse you! I can suffer patiently; but to see you suffer is beyond my strength. Indeed, why should we struggle thus, weak creatures that we are, against a destiny of iron? It is quite enough to drag this cannon-ball; the God whom you and I adore did not condemn man to undergo so much misery without giving him the instinct to escape from it; and what constitutes, in my opinion, man's most marked superiority over the brute is his ability to understand what the remedy is for all his ills. The remedy is suicide; that is what I propose, what I advise."

"I have often thought of it," Indiana replied after a short silence. "Long ago I was violently tempted to resort to it, but religious scruples arrested me. Since then my ideas have reached a higher level, in solitude. Misfortune clung to me and gradually taught me a different religion from that taught by men. When you came to my assistance I had determined to allow myself to die of hunger; but you begged me to live, and I had not the right to refuse you that sacrifice. Now, what holds me back is your existence, your future. What will

avenir. Que feras-tu seul sur la terre, pauvre Ralph, sans famille, sans passions, sans affections ? Depuis les affreuses plaies qui m'ont frappée au cœur, je ne te suis plus bonne à rien ; mais je guérirai peut-être. Oui, Ralph, j'y ferai tous mes efforts, je te le jure ; patiente encore un peu ; bientôt, peut-être, pourrai-je sourire... Je veux redevenir paisible et gaie, pour te consacrer cette vie que tu as tant disputée au malheur.

— Non, mon amie, non, reprit Ralph, je ne veux point d'un tel sacrifice, je ne l'accepterai jamais. En quoi mon existence est-elle donc plus précieuse que la vôtre ? pourquoi faut-il que vous vous imposiez un avenir odieux pour m'en donner un agréable ? Pensez-vous qu'il me fût possible d'en jouir en sentant que votre cœur ne le partage point ? Non, je ne suis point égoïste jusque-là. N'essayons pas, croyez-moi, un héroïsme impossible ; c'est orgueil et présomption que d'espérer abjurer ainsi tout amour de soi-même. Regardons enfin notre situation d'un œil calme, et disposons des jours qui nous restent comme d'un bien commun que l'un de nous n'a pas le droit d'accaparer aux dépens de l'autre. Depuis longtemps, depuis ma naissance pourrais-je dire, la vie me fatigue et me pèse ; maintenant, je ne me sens plus la force de la porter sans aigreur et sans impiété. Partons ensemble, Indiana, retournons à Dieu, qui nous avait exilés sur cette terre d'épreuves, dans cette vallée de larmes, mais qui sans doute ne refusera pas de nous ouvrir son sein quand, fatigués et meurtris, nous irons lui demander sa clémence et sa pitié. Je crois en Dieu, Indiana, et c'est moi qui, le premier, vous ai enseigné à y croire. Ayez donc confiance en moi ; un cœur droit ne peut pas tromper celui qui l'interroge avec candeur. Je sens que nous avons assez souffert l'un et l'autre ici-bas pour être lavés de nos fautes. Le baptême du malheur a bien assez purifié nos âmes : rendons-les à celui qui nous les a données. »

Cette pensée occupa Ralph et Indiana pendant plusieurs jours, au bout desquels il fut décidé qu'ils se donneraient la mort ensemble. Il ne fut plus question que de choisir le genre de suicide.

you do all alone, poor Ralph, without family, without passions, without affections? Since I have received these horrible wounds in my heart I am no longer good for anything to you; but perhaps I shall recover. Yes, Ralph, I will do my utmost, I swear. Have patience a little longer; soon, perhaps, I shall be able to smile. I long to become tranquil and light-hearted once more in order to devote to you this life for which you have fought so stoutly with misfortune."

"No, my dear, no; I do not desire such a sacrifice; I will never accept it," said Ralph. "Wherein is my life more precious than yours, pray? Why must you inflict a hateful future upon yourself in order that mine may be pleasant? Do you think that it will be possible for me to enjoy it while feeling that your heart has no share in it? No, I am not so selfish as that. Let us not attempt, I beg you, an impossible heroism; it is overweening pride and presumption to hope to renounce all self-love thus. Let us view our situation calmly and dispose of our remaining days as common property which neither of us has the right to appropriate at the other's expense. For a long time, ever since my birth, I may say, life has been a bore and a burden to me; now I no longer feel the courage to endure it without bitterness of heart and impiety. Let us go together; let us return to God, who exiled us in this world of trials, in this vale of tears, but who will surely not refuse to open His arms to us when, bruised and weary, we go to Him and implore His indulgence and His mercy. I believe in God, Indiana, and it was I who first taught you to believe in Him. So have confidence in me; an upright heart cannot deceive one who questions it with sincerity. I feel that we have both suffered enough here on earth to be cleansed of our sins. The baptism of unhappiness has surely purified our souls sufficiently; let us give them back to Him who gave them."

This idea engrossed Ralph and Indiana for several days, at the end of which it was decided that they should commit suicide together. It only remained to choose what sort of death they would die.

« C'est une affaire de quelque importance, dit Ralph ; mais j'y avais déjà songé, et voici ce que j'ai à vous proposer. L'action que nous allons commettre n'étant pas le résultat d'une crise d'égarement momentané, mais le but raisonné d'une détermination prise dans un sentiment de piété calme et réfléchie, il importe que nous y apportions le recueillement d'un catholique devant les sacrements de son église. Pour nous, l'univers est le temple où nous adorons Dieu. C'est au sein d'une nature grande et vierge qu'on retrouve le sentiment de sa puissance, pure de toute profanation humaine. Retournons donc au désert, afin de pouvoir prier. Ici, dans cette contrée pullulante d'hommes et de vices, au sein de cette civilisation qui renie Dieu ou le mutile, je sens que je serais gêné, distrait et attristé. Je voudrais mourir joyeux, le front serein, les yeux levés au ciel. Mais où le trouver ici ? Je vais donc vous dire le lieu où le suicide m'est apparu sous son aspect le plus noble et le plus solennel. C'est au bord d'un précipice, à l'île Bourbon ; c'est au haut de cette cascade qui s'élance diaphane et surmontée d'un prisme éclatant dans le ravin solitaire de Bernica. C'est là que nous avons passé les plus douces heures de notre enfance ; c'est là qu'ensuite j'ai pleuré les chagrins les plus amers de ma vie ; c'est là que j'ai appris à prier, à espérer ; c'est là que je voudrais, par une belle nuit de nos climats, m'ensevelir sous ces eaux pures, et descendre dans la tombe fraîche et fleurie qu'offre la profondeur du gouffre verdoyant. Si vous n'avez pas de prédilection pour un autre endroit de la terre, accordez-moi la satisfaction d'accomplir notre double sacrifice aux lieux qui furent témoins des jeux de notre enfance et des douleurs de notre jeunesse.

— J'y consens, répondit madame Delmare en mettant sa main dans celle de Ralph en signe de pacte. J'ai toujours été attirée vers le bord des eaux par une sympathie invincible, par le souvenir de ma pauvre Noun. Mourir comme elle me sera doux ; ce sera l'expiation de sa mort, que j'ai causée.

— Et puis, dit Ralph, un nouveau voyage en mer, fait cette fois dans d'autres sentiments que ceux qui nous ont troublés jusqu'ici, est la

"It is a matter of some importance," said Ralph; "but I have already considered it, and this is what I have to suggest. The act that we are about to undertake not being the result of a momentary mental aberration, but of a deliberate determination formed after calm and pious reflection, it is important that we should bring to it the meditative seriousness of a Catholic receiving the sacraments of his Church. For us the universe is the temple in which we adore God. In the bosom of majestic, virgin nature we are impressed by the consciousness of His power, pure of all human profanation. Let us go back to the desert, therefore, so that we may be able to pray. Here, in this country swarming with men and vices, in the bosom of this civilization which denies God or disfigures Him, I feel that I should be ill at ease, distraught and depressed. I would like to die cheerfully, with a serene brow and with my eyes gazing heavenward. But where can we find heaven here? I will tell you, therefore, the spot where suicide appeared to me in its noblest and most solemn aspect. It is in Ile Bourbon, on the verge of a precipice, on the summit of the cliff from which the transparent cascade, surmounted by a gorgeous rainbow, plunges into the lonely ravine of Bernica. That is where we passed the sweetest hours of our childhood; that is where I bewailed the bitterest sorrows of my life; that is where I learned to pray, to hope; that is where I would like, during one of the lovely nights of that latitude, to bury myself in those pure waters and go down into the cool, flower-decked grave formed by the depths of the verdure-lined abyss. If you have no predilection for any other spot, give me the satisfaction of offering up our twofold sacrifice on the spot which witnessed the games of our childhood and the sorrows of our youth."

"I agree," said Madame Delmare, placing her hand in Ralph's to seal the compact. "I have always been drawn to the banks of the stream by an invincible attraction, by the memory of my poor Noun. To die as she died will be sweet to me; it will be an atonement for her death, which I caused."

"Moreover," said Ralph, "another sea voyage, made under the influence of other feelings than those which have agitated us hitherto,

meilleure préparation que nous puissions imaginer pour nous recueillir, pour nous détacher des affections terrestres, pour nous élever purs de tout alliage aux pieds de l'Être par excellence. Isolés du monde entier, toujours prêts à quitter joyeusement la vie, nous verrons d'un œil ravi la tempête soulever les éléments, et déployer devant nous ses magnifiques spectacles. Viens, Indiana ; partons, secouons la poussière de cette terre ingrate. Mourir ici, sous les yeux de Raymon, ce serait en apparence une vengeance étroite et lâche. Laissons à Dieu le soin de châtier cet homme ; allons plutôt lui demander d'ouvrir les trésors de sa miséricorde à ce cœur ingrat et stérile. »

Ils partirent. La goëlette la Nahandove les porta, rapide et légère comme un oiseau, dans leur patrie deux fois abandonnée. Jamais traversée ne fut si heureuse et si prompte. Il semblait qu'un vent favorable fût chargé de conduire au port ces deux infortunés si longtemps ballottés sur les écueils de la vie. Durant ces trois mois, Indiana recueillit le fruit de sa docilité aux conseils de Ralph. L'air de la mer, si tonique et si pénétrant, raffermit sa santé chétive ; le calme rentra dans son cœur fatigué. La certitude d'en avoir bientôt fini avec ses maux produisit sur elle l'effet des promesses du médecin sur un malade crédule. Oublieuse de sa vie passée, elle ouvrit son âme aux émotions profondes de l'espérance religieuse. Ses pensées s'imprégnèrent toutes d'un charme mystérieux, d'un parfum céleste. Jamais la mer et les cieux ne lui avaient paru si beaux. Il lui sembla les voir pour la première fois, tant elle y découvrit de splendeurs et de richesses. Son front redevint serein, et on eût dit qu'un rayon de la Divinité avait passé dans ses yeux bleus, doucement mélancoliques.

Un changement non moins extraordinaire s'opéra dans l'âme et dans l'extérieur de Ralph ; les mêmes causes produisirent à peu près les mêmes effets. Son âme, longtemps roidie contre la douleur, s'amollit à la chaleur vivifiante de l'espérance. Le ciel descendit aussi dans ce cœur amer et froissé. Ses paroles prirent l'empreinte de ses

is the best preparation we could imagine for communing with ourselves, for detaching ourselves from earthly affections, for raising ourselves in unalloyed purity to the feet of the Supreme Being. Isolated from the whole world, always ready to leave this life with glad hearts, we shall watch with enchanted eyes the tempest arouse the elements and unfold its magnificent spectacles before us. Come, Indiana, let us go; let us shake the dust of this ungrateful land from our feet. To die here, under Raymon's eyes, would be to all appearance a mere commonplace, cowardly revenge. Let us leave that man's punishment to God; and let us go and beseech Him to open the treasures of His mercy to that barren and ungrateful heart."

They left France. The schooner *Nahandove*, as fleet and nimble as a bird, bore them to their twice-abandoned country. Never was there so pleasant and fast a passage. It seemed as if a favorable wind had undertaken to guide safely into port those two ill-fated beings who had been tossed about so long among the reefs and shoals of life. During those three months Indiana reaped the fruit of her docile compliance with Ralph's advice. The sea air, so bracing and so penetrating, restored her impaired health; a wave of peace overflowed her wearied heart. The certainty that she would soon have done with her sufferings produced upon her the effect of a doctor's assurances upon a credulous patient. Forgetting her past life, she opened her heart to the profound emotions of religious hope. Her thoughts were all impregnated with a mysterious charm, a celestial perfume. Never had the sea and sky seemed to her so beautiful. It seemed to her that she saw them for the first time, she discovered so many new splendors and glories in them. Her brow became serene once more, and one would have said that a ray of the Divine essence had passed into her sweetly melancholy eyes.

A change no less extraordinary took place in Ralph's soul and in his outward aspect; the same causes produced almost the same results. His heart, so long hardened against sorrow, softened in the revivifying warmth of hope. Heaven descended also into that bitter, wounded heart. His words took on the stamp of his feelings and for

sentiments, et, pour la première fois, Indiana connut son véritable caractère. L'intimité sainte et filiale qui les rapprocha ôta à l'un sa timidité pénible, à l'autre ses préventions injustes. Chaque jour enleva à Ralph une disgrâce de sa nature, à Indiana une erreur de son jugement. En même temps, le souvenir poignant de Raymon s'émoussa, pâlit, et tomba pièce à pièce devant les vertus ignorées, devant la sublime candeur de Ralph. À mesure qu'Indiana voyait l'un grandir et s'élever, l'autre s'abaissait dans son opinion. Enfin, à force de comparer ces deux hommes, tout vestige de son amour aveugle et fatal s'éteignit dans son âme.

the first time Indiana became acquainted with his real character. The reverent, filial intimacy that bound them together took from the one his painful shyness, from the other her unjust prejudices. Every day cured Ralph of some *gaucherie* of his nature, Indiana of some error of her judgment. At the same time the painful memory of Raymon faded away and gradually vanished in face of Ralph's unsuspected virtues, his sublime sincerity. As the one grew greater in her estimation, the other fell away. At last, by dint of comparing the two men, every vestige of her blind and fatal love was effaced from her heart.

XXX.

*C*e fut l'an passé, par un soir de l'éternel été qui règne dans ces régions, que deux passagers de la goëlette la Nahandove s'enfoncèrent dans les montagnes de l'île Bourbon, trois jours après le débarquement. Ces deux personnes avaient donné ce temps au repos, précaution en apparence fort étrangère au dessein qui les amenait dans la contrée. Mais elles n'en jugèrent sans doute pas ainsi apparemment ; car, après avoir pris le faham ensemble sous la varangue, elles s'habillèrent avec un soin particulier, comme si elles avaient eu le projet d'aller passer la soirée à la ville, et, prenant le sentier de la montagne, elles arrivèrent après une heure de marche au ravin de Bernica.*

Le hasard voulut que ce fût une des plus belles soirées que la lune eût éclairées sous les tropiques. Cet astre, à peine sorti des flots noirâtres, commençait à répandre sur la mer une longue traînée de vif-argent ; mais ses lueurs ne pénétraient point dans la gorge, et les marges du lac ne répétaient que le reflet tremblant de quelques étoiles. Les citronniers répandus sur le versant de la montagne supérieure ne se couvraient même pas de ces pâles diamants que la lune sème sur leurs feuilles cassantes et polies. Les ébéniers et les tamarins murmuraient dans l'ombre ; seulement, quelques gigantesques palmiers élevaient à cent pieds du sol leurs tiges menues, et les bouquets de palmes placés à leur cime s'argentaient seuls d'un éclat verdâtre.

Les oiseaux de mer se taisaient dans les crevasses du rocher, et quelques pigeons bleus, cachés derrière les corniches de la montagne, faisaient seuls entendre au loin leur voix triste et passionnée. De beaux scarabées, vivantes pierreries, bruissaient faiblement dans les caféiers, ou rasaient, en bourdonnant, la surface du lac, et le bruit uniforme de la cascade semblait échanger des

XXX

It was last year, one evening during the never-ending summer that reigns in those latitudes, that two passengers from the schooner *Nahandove* journeyed into the mountains of Ile Bourbon three days after landing. These two persons had devoted the interval to repose, a precaution quite inconsistent with the plan which had brought them to the colony. But such was evidently not their opinion; for, after taking *faham* together on the veranda, they dressed with especial care as if they intended to pass the evening in society, and, taking the road to the mountain, they reached the ravine of Bernica after about an hour's walk.

Chance willed that it should be one of the loveliest evenings for which the moon ever furnished light in the tropics. That luminary had just risen from the dark waves and was beginning to cast a long band of quick-silver on the sea; but its rays did not shine into the gorge, and the edges of the basin reflected only the trembling gleam of a few stars. Even the lemon-trees on the higher slopes of the mountain were not covered with the pale diamonds with which the moon sprinkles their polished, brittle leaves. The ebony trees and the tamarinds murmured softly in the darkness; only the bushy tufts at the summit of the huge palm-trees, whose slender trunks rose a hundred feet from the ground, shone with a greenish tinge in the silvery beams.

The sea-birds were resting quietly in the crevices of the cliffs, and only a few blue pigeons, concealed behind the projections of the mountain, raised their melancholy, passionate note in the distance. Lovely beetles, living jewels, rustled gently in the branches of the coffee-trees, or skimmed the surface of the lake with a buzzing noise, and the regular plashing of the cascade seemed to exchange

paroles mystérieuses avec les échos de ses rives.

Les deux promeneurs solitaires parvinrent, en tournant le long d'un sentier escarpé, au haut de la gorge, à l'endroit où le torrent s'élance en colonne de vapeur blanche et légère au fond du précipice. Ils se trouvèrent alors sur une petite plate-forme parfaitement convenable à l'exécution de leur projet. Quelques lianes suspendues à des tiges de raphia formaient en cet endroit un berceau naturel qui se penchait sur la cascade. Sir Ralph, avec un admirable sang-froid, coupa quelques rameaux qui eussent pu gêner leur élan, puis il prit la main de sa cousine et la fit asseoir sur une roche moussue où le délicieux aspect de ce lieu se déployait au jour dans toute sa grâce énergique et sauvage. Mais en cet instant l'obscurité de la nuit et la vapeur condensée de la cascade enveloppaient les objets et faisaient paraître incommensurable et terrible la profondeur du gouffre.

« Je vous fais observer, ma chère Indiana, lui dit-il, qu'il est nécessaire d'apporter un très-grand sang-froid au succès de notre entreprise. Si vous vous élanciez précipitamment du côté que l'épaisseur des ténèbres vous fait paraître vide, vous vous briseriez infailliblement sur les rochers, et vous n'y trouveriez qu'une mort lente et cruelle ; mais en ayant soin de vous jeter dans cette ligne blanche que décrit la chute d'eau, vous arriverez dans le lac avec elle, et la cascade elle-même prendra soin de vous y plonger. Au reste, si vous voulez attendre encore une heure, la lune sera assez haut dans le ciel pour nous prêter sa lumière.

— J'y consens d'autant plus, répondit Indiana, que nous devons consacrer ces derniers instants à des pensées religieuses.

— Vous avez raison, mon amie, reprit Ralph. Je pense que cette heure suprême est celle du recueillement et de la prière. Je ne dis pas que nous devions nous réconcilier avec l'Éternel, ce serait oublier la distance qui nous sépare de sa puissance sublime ; mais nous devons, je pense, nous réconcilier avec les hommes qui nous ont fait souffrir, et confier à la brise qui souffle vers le nord-est des paroles de

mysterious words with the echoes on its shores.

The two solitary promenaders ascended by a steep and winding path to the top of the gorge, to the spot where the torrent plunges down in a white column of vapor to the foot of the precipice. They found themselves on a small platform admirably adapted to their purpose. A number of convolvuli hanging from the trunks of trees formed a natural cradle suspended over the waterfall. Sir Ralph, with wonderful self-possession, cut away several branches which might impede their spring, then took his companion's hand and drew her to a seat beside him on a moss-covered rock from which in the daytime the beautiful view from that spot could be seen in all its wild and charming grandeur. But at that moment the darkness and the dense vapor from the cascade enveloped everything and made the height of the precipice seem immeasurable and awe-inspiring.

"Let me remind you, my dear Indiana," said Ralph, "that the success of our undertaking requires the greatest self-possession on our part. If you jump hastily in a direction where, because of the darkness, you see no obstacles, you will inevitably bruise yourself on the rocks and your death will be slow and painful; but, if you take care to throw yourself in the direction of the white line which marks the course of the waterfall you will fall into the lake with it, and the water itself will see to it that you do not miss your aim. But, if you prefer to wait an hour, the moon will rise high enough to give us light."

"I am willing," Indiana replied, "especially as we ought to devote these last moments to religious thoughts."

"You are right, my dear," said Ralph. "This last hour should be one of meditation and prayer. I do not say that we ought to make our peace with the Eternal, that would be to forget the distance that separates us from His sublime power; but we ought, I think, to make our peace with the men who have caused our suffering, and to confide to the wind which blows toward the northeast words of pity for those from

miséricorde pour les êtres dont trois mille lieues nous séparent. »

Indiana reçut cette offre sans surprise, sans émotion. Depuis plusieurs mois l'exaltation de ses pensées avait grandi en proportion du changement opéré dans Ralph. Elle ne l'écoutait plus comme un conseiller flegmatique ; elle le suivait en silence comme un bon génie chargé de l'enlever à la terre et de la délivrer de ses tourments.

« J'y consens, dit-elle ; je sens avec joie que je puis pardonner sans effort, que je n'ai dans le cœur ni haine, ni regret, ni amour, ni ressentiment ; à peine si, à l'heure où je touche, je me souviens des chagrins de ma triste vie et de l'ingratitude des êtres qui m'ont environnée. Grand Dieu ! tu vois le fond de mon cœur ; tu sais qu'il est pur et calme, et que toutes mes pensées d'amour et d'espoir sont tournées vers toi. »

Alors Ralph s'assit aux pieds d'Indiana, et se mit à prier d'une voix forte qui dominait le bruit de la cascade. C'était la première fois peut-être, depuis qu'il était né, que sa pensée tout entière venait se placer sur ses lèvres. L'heure de mourir était sonnée ; cette âme n'avait plus ni entraves, ni mystères ; elle n'appartenait plus qu'à Dieu ; les fers de la société ne pesaient plus sur elle. Ses ardeurs n'étaient plus des crimes, son élan était libre vers le ciel qui l'attendait ; le voile qui cachait tant de vertus, de grandeur et de puissance, tomba tout à fait, et l'esprit de cet homme s'éleva du premier bond au niveau de son cœur. Ainsi qu'une flamme ardente brille au milieu des tourbillons de la fumée et les dissipe, le feu sacré qui dormait ignoré au fond de ses entrailles fit jaillir sa vive lumière. La première fois que cette conscience rigide se trouva délivrée de ses craintes et de ses liens, la parole vint d'elle-même au secours de la pensée, et l'homme médiocre qui n'avait dit dans toute sa vie que des choses communes, devint à sa dernière heure éloquent et persuasif comme jamais ne l'avait été Raymon. N'attendez pas que je vous répète les étranges discours qu'il confia aux échos de la solitude ; lui-même, s'il était ici, ne pourrait nous les redire. Il est des instants

whom three thousand leagues of ocean separate us."

Indiana received this suggestion without surprise or emotion. For several months past her thoughts had become more and more elevated in direct proportion to the change that had taken place in Ralph. She no longer listened to him simply as a phlegmatic adviser; she followed him in silence as a good spirit whose mission it was to take her from the earth and deliver her from her torments.

"I agree," she said; "I am overjoyed to feel that I can forgive without an effort, that I have neither hatred nor regret nor love nor resentment in my heart; indeed, at this moment, I hardly remember the sorrows of my sad life and the ingratitude of those who surrounded me. Almighty God! Thou seest the deepest recesses of my heart; Thou knowest that it is pure and calm, and that all my thoughts of love and hope have turned to Thee."

Thereupon, Ralph seated himself at Indiana's feet and began to pray in a loud voice that rose above the roar of the cascade. It was the first time perhaps since he was born that his whole thought came to his lips. The hour of his death had struck; his heart was no longer held in check by fetters or mysteries; it belonged to God alone; the chains of society no longer weighed it down. Its ardor was no longer a crime, it was free to soar upward to God who awaited it; the veil that concealed so much virtue, grandeur and power fell away, and the man's mind rose at its first leap to the level of his heart. As a bright flame burns amid dense clouds of smoke and scatters them, so did the sacred fire that glowed in the depths of his being send forth its brilliant light. The first time that that inflexible conscience found itself delivered from its trammels and its fears, words came of themselves to the assistance of his thoughts, and the man of mediocre talents, who had never said any but commonplace things in his life, became, in his last hour, eloquent and convincing as Raymon had never been. Do not expect me to repeat to you the strange harangue that he confided to the echoes of the vast solitude; not even he himself, if he were here, could repeat it. There are moments of mental

d'exaltation et d'extase où nos pensées s'épurent, se subtilisent, s'éthèrent en quelque sorte. Ces rares instants nous élèvent si haut, nous emportent si loin de nous-mêmes, qu'en retombant sur la terre nous perdons la conscience et le souvenir de cette ivresse intellectuelle. Qui peut comprendre les mystérieuses visions de l'anachorète ? Qui peut raconter les rêves du poëte avant qu'il se soit refroidi à nous les écrire ? Qui peut nous dire les merveilles qui se révèlent à l'âme du juste à l'heure où le ciel s'entr'ouvre pour le recevoir ? Ralph, cet homme si vulgaire en apparence, homme d'exception pourtant, car il croyait fermement à Dieu et consultait jour par jour le livre de sa conscience, Ralph réglait en ce moment ses comptes avec l'éternité. C'était le moment d'être lui, de mettre à nu tout son être moral, de se dépouiller, devant le Juge, du déguisement que les hommes lui avaient imposé. En jetant le cilice que la douleur avait attaché à ses os, il se leva sublime et radieux comme s'il fût déjà entré au séjour des récompenses divines.

En l'écoutant, Indiana ne songea point à s'étonner ; elle ne se demanda pas si c'était Ralph qui parlait ainsi. Le Ralph qu'elle avait connu n'existait plus, et celui qu'elle écoutait maintenant lui semblait un ami qu'elle avait vu jadis dans ses rêves et qui se réalisait enfin pour elle sur les bords de la tombe. Elle sentit son âme pure s'élever du même vol. Une ardente sympathie religieuse l'initiait aux même émotions, des larmes d'enthousiasme coulèrent de ses yeux sur les cheveux de Ralph.

Alors la lune se trouva au-dessus de la cime du grand palmiste, et son rayon, pénétrant l'interstice des lianes, enveloppa Indiana d'un éclat pâle et humide qui la faisait ressembler, avec sa robe blanche et ses longs cheveux tressés sur ses épaules, à l'ombre de quelque vierge égarée dans le désert.

exaltation and ecstasy when our thoughts are purified, subtilized, etherealized as it were. These infrequent moments raise us so high, carry us so far out of ourselves, that when we fall back upon the earth we lose all consciousness and memory of that intellectual debauch. Who can understand the anchorite's mysterious visions? Who can tell the dreams of the poet before his exaltation cooled so that he could write them down for us? Who can say what marvellous things are revealed to the soul of the just man when Heaven opens to receive him? Ralph, a man so utterly commonplace to all outward appearance—and yet an exceptional man, for he firmly believed in God and consulted the book of his conscience day by day—Ralph at that moment was adjusting his accounts with eternity. It was the time to be himself, to lay bare his whole moral being, to lay aside, before the Judge, the disguise that men had forced upon him. Casting away the haircloth in which sorrow had enveloped his bones, he stood forth sublime and radiant as if he had already entered into the abode of divine rewards.

As she listened to him, it did not occur to Indiana to be surprised; she did not ask herself if it were really Ralph who talked like that. The Ralph she had known had ceased to exist, and he to whom she was listening now seemed to be a friend whom she had formerly seen in her dreams and who finally became incarnate for her on the brink of the grave. She felt her own pure soul soar upward in the same flight. A profound religious sympathy aroused in her the same emotions, and tears of enthusiasm fell from her eyes upon Ralph's hair.

Thereupon, the moon rose over the tops of the great palms, and its beams, shining between the branches of the convolvuli, enveloped Indiana in a pale, misty light which made her resemble, in her white dress and with her long hair falling over her shoulders, the wraith of some maiden lost in the desert.

Alors Ralph s'assit aux pieds d'Indiana. (p.595)

Sir Ralph s'agenouilla devant elle et lui dit :

« Maintenant, Indiana, il faut que tu me pardonnes tout le mal que je t'ai fait, afin que je puisse me le pardonner à moi-même.

Sir Ralph knelt before her and said:

"Now, Indiana, you must forgive me for all the injury I have done you, so that I may forgive myself for it."

— *Hélas ! répondit-elle, qu'ai-je donc à te pardonner, pauvre Ralph ? Ne dois-je pas, au contraire, te bénir à mon dernier jour, comme tu m'as forcée de le faire dans tous les jours de malheur qui ont marqué ma vie ?*

— *Je ne sais jusqu'à quel point j'ai été coupable, reprit Ralph ; mais il est impossible que, dans une si longue et si terrible lutte avec mon destin, je ne l'aie pas été bien des fois à l'insu de moi-même.*

— *De quelle lutte parlez-vous ? demanda Indiana.*

— *C'est là, répondit-il, ce que je dois vous expliquer avant de mourir ; c'est le secret de ma vie. Vous me l'avez demandé sur le navire qui nous ramenait, et j'ai promis de vous le révéler au bord du lac Bernica, la dernière fois que la lune se lèverait sur nous.*

— *Le moment est venu, dit-elle, je vous écoute.*

— *Prenez donc patience ; car j'ai toute une longue histoire à vous raconter, Indiana, et cette histoire est la mienne.*

— *Je croyais la connaître, moi qui ne vous ai presque jamais quitté.*

— *Vous ne la connaissez point ; vous n'en connaissez pas un jour, pas une heure, dit Ralph avec tristesse. Quand donc aurais-je pu vous la dire ? Le ciel a voulu que le seul instant propre à cette confidence fût le dernier de votre vie et de la mienne. Mais autant elle eût été naguère folle et criminelle, autant elle est innocente et légitime aujourd'hui. C'est une satisfaction personnelle que nul n'a le droit de me reprocher à l'heure où nous sommes, et que vous m'accorderez pour compléter la tâche de patience et de douceur que vous avez accomplie envers moi. Supportez donc jusqu'au bout le poids de mon infortune ; et si mes paroles vous fatiguent et vous irritent, écoutez le bruit de la cataracte qui chante sur moi l'hymne des morts.*

"Alas!" she replied, "what can I possibly have to forgive you, my poor Ralph? Ought I not, on the contrary, to bless you to the last moment of my life, as you have forced me to do in all the days of misery that have fallen to my lot?"

"I do not know how far I have been blameworthy," rejoined Ralph; "but it is impossible that, in the course of such a long and terrible battle with my destiny, I should not have been many times without my own volition."

"Of what battle are you speaking?" queried Indiana.

"That is what I must explain to you before we die; that is the secret of my life. You asked me to tell it to you on the ship that brought us here, and I promised to do so on the shore of Bernica Lake, when the moon should rise upon us for the last time."

"That moment has come," she said, "and I am listening."

"Summon all your patience then, for I have a long story to tell you, Indiana, and that story is my own."

"I thought that I knew it, inasmuch as I have hardly ever been separated from you."

"You do not know it; you do not know it for a single day, a single hour," said Ralph sadly. "When could I have told it to you, pray? It is Heaven's will that the only suitable moment for me to do so, should be the last moment of your life and my own. But it is as innocent and proper to-day as it would formerly have been insane and criminal. It is a personal gratification for which no one has the right to blame me at this hour, which you accord to me in order to complete the task of patience and gentleness which you have taken upon yourself with regard to me. Endure to the end, therefore, the burden of my unhappiness; and if my words tire you and annoy you, listen to the waterfall as it sings the hymn of the dead over me.

« *J'étais né pour aimer ; aucun de vous n'a voulu le croire, et cette méprise a décidé de mon caractère. Il est vrai que la nature, en me donnant une âme chaleureuse, avait fait un singulier contre-sens ; elle avait mis sur mon visage un masque de pierre et sur ma langue un poids insurmontable ; elle m'avait refusé ce qu'elle accorde aux êtres les plus grossiers, le pouvoir d'exprimer mes sentiments par le regard ou par la parole. Cela me fit égoïste. On jugea de l'être moral par l'enveloppe extérieure, et, comme un fruit stérile, il fallut me dessécher sous la rude écorce que je ne pouvais dépouiller. À peine né, je fus repoussé du cœur dont j'avais le plus besoin. Ma mère m'éloigna de son sein avec dégoût, parce que mon visage d'enfant ne savait pas lui rendre son sourire. À l'âge où l'on peut à peine distinguer une pensée d'un besoin, j'étais déjà flétri de l'odieuse appellation d'égoïste.*

« *Alors il fut décidé que personne ne m'aimerait, parce que je ne savais dire mon affection à personne. On me fit malheureux, on prononça que je ne le sentais pas ; on m'exila presque du toit paternel ; on m'envoya vivre sur les rochers comme un pauvre oiseau des grèves. Vous savez quelle fut mon enfance, Indiana. Je passai mes longs jours au désert sans que jamais une mère inquiète vînt y chercher la trace de mes pas, sans qu'une voix amie s'élevât dans le silence des ravins pour m'avertir que la nuit me rappelait au bercail. J'ai grandi seul, j'ai vécu seul ; mais Dieu n'a pas permis que je fusse malheureux jusqu'au bout, car je ne mourrai pas seul.*

« *Cependant le ciel m'envoya dès lors un présent, une consolation, une espérance. Vous vîntes dans ma vie comme s'il vous eût créée pour moi. Pauvre enfant ! abandonnée comme moi, comme moi jetée dans la vie sans amour et sans protection, vous sembliez m'être destinée, du moins je m'en flattai. Fus-je trop présomptueux ? Pendant dix ans vous fûtes à moi, à moi sans partage, sans rivaux, sans tourments. Alors je n'avais pas encore compris ce que c'est que la jalousie.*

"I was born to love; none of you chose to believe it, and your error in that regard had a decisive influence on my character. It is true that nature, while giving me an ardent heart, was guilty of a strange inconsistency; she placed on my face a stone mask and on my tongue a weight that it could not raise; she refused me what she grants to the most ordinary mortals, the power to express my feelings by the glance or by speech. That made me selfish. People judged the mental being by the outer envelope and, like an imperfect fruit I was compelled to dry up under the rough husk which I could not cast off. I was hardly born when I was cast out of the heart which I most needed. My mother put me away from her breast with disgust, because my baby face could not return her smile. At an age when one can hardly distinguish a thought from a desire, I was already branded with the hateful designation of egotist.

"Thereupon it was decided that no one would love me, because I was unable to put in words my affection for anyone. They made me unhappy, they declared that I did not feel my unhappiness; I was almost banished from my father's house; they sent me to live among the rocks like a lonely shore-bird. You know what my childhood was, Indiana. I passed the long days in the desert, with no anxious mother to come there in search of me, with no friendly voice amid the silence of the ravines to remind me that the approach of night called me back to the cradle. I grew up alone, I lived alone; but God would not permit me to be unhappy to the end, for I shall not die alone.

"Heaven however sent me a gift, a consolation, a hope. You came into my life as if Heaven had created you for me. Poor child! abandoned like me, like me set adrift in life without love and without protectors, you seemed to be destined for me—at least I flattered myself that it was so. Was I too presumptuous? For ten years you were mine, absolutely mine; I had no rivals, no misgivings. At that time I had had no experience of what jealousy is.

« Ce temps, Indiana, fut le moins sombre que j'aie parcouru. Je fis de vous ma sœur, ma fille, ma compagne, mon élève, ma société. Le besoin que vous aviez de moi fit de ma vie quelque chose de plus que celle d'un animal sauvage ; je sortis pour vous de l'abattement où le mépris de mes proches m'avait jeté. Je commençai à m'estimer en vous devenant utile. Il faut tout dire, Indiana : après avoir accepté pour vous le fardeau de la vie, mon imagination y plaça l'espoir d'une récompense. Je m'habituai (pardonnez-moi les mots que je vais employer, aujourd'hui encore je ne les prononce qu'en tremblant), je m'habituai à penser que vous seriez ma femme ; tout enfant, je vous regardai comme ma fiancée ; mon imagination vous parait déjà des grâces de la jeunesse ; j'étais impatient de vous voir grande. Mon frère, qui avait usurpé ma part d'affection dans la famille, et qui se plaisait aux soins domestiques, cultivait un jardin sur la colline qu'on voit d'ici pendant le jour, et que de nouveaux planteurs ont transformée en rizière. Le soin de ses fleurs remplissait ses plus doux moments, et chaque matin il allait d'un œil impatient épier leur progrès, et s'étonner, enfant qu'il était, qu'elles n'eussent pas pu grandir dans une nuit au gré de son attente. Pour moi, Indiana, vous étiez toute mon occupation, toute ma joie, toute ma richesse ; vous étiez la jeune plante que je cultivais, le bouton que j'étais impatient de voir fleurir. J'épiais aussi au matin l'effet d'un soleil de plus passé sur votre tête ; car j'étais déjà un jeune homme et vous n'étiez encore qu'une enfant. Déjà fermentaient dans mon sein des passions dont le nom vous était inconnu ; mes quinze ans ravageaient mon imagination, et vous vous étonniez de me voir souvent triste, partager vos jeux sans y prendre plaisir. Vous ne conceviez pas qu'un fruit, un oiseau, ne fussent plus pour moi comme pour vous des richesses, et je vous semblais déjà froid et bizarre. Cependant vous m'aimiez tel que j'étais ; car, malgré ma mélancolie, je n'avais pas un instant qui ne vous fût consacré ; mes souffrances vous rendaient plus chère à mon cœur ; je nourrissais le fol espoir qu'il vous serait donné un jour de les changer en joies.

"That time, Indiana, was the least dismal period of my life. I made of you my sister, my daughter, my companion, my pupil, my whole society. Your need of me made my life something more than that of a wild beast; for your sake I threw off the gloom into which the contempt of my own family had cast me. I began to esteem myself by becoming useful to you. I must tell you everything, Indiana; after accepting the burden of life for you, my imagination suggested the hope of a reward. I accustomed myself—forgive the words I am about to use; even to-day I cannot utter them without fear and trembling—I accustomed myself to think that you would be my wife; child that you were, I looked upon you as my betrothed; my imagination arrayed you in the charms of young womanhood; I was impatient to see you in your maturity. My brother, who had usurped my share of the family affection and who took pleasure in peaceful avocations, had a garden on the hillside which we can see from here by daylight, and which subsequent owners have transformed into a rice-field. The care of his flowers occupied his pleasantest moments, and every morning he went out to watch their progress with an impatient eye, and to wonder, child that he was, because they had not grown so much as he expected in a single night. You, Indiana, were my whole vocation, my only joy, my only treasure; you were the young plant that I cultivated, the bud that I was impatient to see bloom. I, too, looked eagerly every morning for the effect of another day that had passed over your head; for I was already a young man and you were but a child. Already passions of which you did not know the name were stirring my bosom; my fifteen years played havoc with my imagination, and you were surprised to see me so often in a melancholy mood, sharing your games, but taking no pleasure in them. You could not imagine that a fruit or a bird was no longer a priceless treasure to me as it was to you, and I already seemed cold and odd to you. And yet you loved me such as I was; for, despite my melancholy, there was not a moment of my life that was not devoted to you; my sufferings made you dearer to my heart; I cherished the insane hope that it would be your mission to change them to joys some day.

« Hélas ! pardonnez-moi la pensée sacrilége qui m'a fait vivre dix ans : si ce fut un crime à l'enfant maudit d'espérer en vous, belle et simple fille des montagnes, Dieu seul est coupable de lui avoir donné, pour tout aliment, cette audacieuse pensée. De quoi pouvait-il exister, ce cœur froissé, méconnu, qui trouvait partout des besoins et nulle part un refuge ? de qui pouvait-il attendre un regard, un sourire d'amour, si ce n'est de vous, dont il fut l'amant presque aussitôt que le père ?

« Et ne vous effrayez pas cependant d'avoir grandi sous l'aile d'un pauvre oiseau dévoré d'amour ; jamais aucune adoration impure, aucune pensée coupable ne vint mettre en danger la virginité de votre âme ; jamais ma bouche n'enleva à vos jours cette fleur d'innocence qui les couvrait, comme les fruits, au matin, d'une vapeur humide. Mes baisers furent ceux d'un père, et quand vos lèvres innocentes et folâtres rencontraient les miennes, elles n'y trouvaient pas le feu cuisant d'un désir viril. Non, ce n'était pas de vous, petite fille aux yeux bleus, que j'étais épris. Telle que vous étiez là, dans mes bras, avec votre candide sourire et vos gentilles caresses, vous n'étiez que mon enfant, ou tout au plus ma petite sœur ; mais j'étais amoureux de vos quinze ans quand, livré seul à l'ardeur des miens, je dévorais l'avenir d'un œil avide.

« Quand je vous lisais l'histoire de Paul et Virginie, vous ne la compreniez qu'à demi. Vous pleuriez, cependant ; vous aviez vu l'histoire d'un frère et d'une sœur là où j'avais frissonné de sympathie en apercevant les angoisses de deux amants. Ce livre fit mon tourment, tandis qu'il faisait votre joie. Vous vous plaisiez à m'entendre lire l'attachement du chien fidèle, la beauté des cocotiers et les chants du nègre Domingue. Moi, je relisais seul les entretiens de Paul et de son amie, les impétueux soupçons de l'un, les secrètes souffrances de l'autre. Oh ! que je les comprenais bien, ces premières inquiétudes de l'adolescence, qui cherche dans son cœur l'explication des mystères de la vie, et qui s'empare avec enthousiasme du premier objet d'amour qui s'offre à lui ! Mais rendez-moi justice, Indiana, je ne commis pas le crime de hâter d'un seul jour le cours paisible de

"Alas! forgive me for the sacrilegious thought which kept me alive for ten years; if it were a crime in the accursed child to hope for you, lovely, simple-hearted child of the mountains, God alone is guilty of giving him, for his only sustenance, that audacious thought. Upon what could that wounded, misunderstood heart subsist, who encountered new necessities at every turn and found a refuge nowhere? from whom could he expect a glance, a smile of love, if not from you, whose lover and father he was at the same time?

"Do not be shocked to find that you grew up under the wing of a poor bird consumed by love; never did any impure homage, any blameworthy thought endanger the virginity of your soul; never did my mouth brush from your cheeks that bloom of innocence which covered them as the fruit is covered with a moist vapor in the morning. My kisses were the kisses of a father, and when your innocent and playful lips met mine they did not find there the stinging flame of virile desire. No, it was not with you, a tiny blue-eyed child, that I was in love. As I held you in my arms, with your innocent smile and your dainty caresses, you were simply my child, or at most my little sister; but I was in love with your fifteen years, when, yielding to the ardor of my own youth, I devoured the future with a greedy eye.

"When I read you the story of Paul and Virginie, you only half understood it. You wept, however; you saw only the story of a brother and sister where I had quivered with sympathy, realizing the torments of two lovers. That book made me miserable, whereas it was your joy. You enjoyed hearing me read of the attachment of a faithful dog, of the beauty of the cocoa-palms and the songs of Dominique the negro. But I, when I was alone, read over and over the conversations between Paul and his sweetheart, the impulsive suspicions of the one, the secret sufferings of the other. Oh! how well I understood those first anxieties of youth, seeking in his own heart an explanation of the mysteries of life, and seizing enthusiastically on the first object of love that presents itself to him! But do me justice, Indiana—I did not commit the crime of hastening by a single day the placid development

votre enfance ; je ne laissai pas échapper un mot qui pût vous apprendre qu'il y avait dans la vie des tourments et des larmes. Je vous ai laissée, à dix ans, dans toute l'ignorance, dans toute la sécurité dont vous étiez pourvue quand votre nourrice vous mit dans mes bras, un jour que j'avais résolu de mourir.

« Souvent seul, assis sur cette roche, je me suis tordu les mains avec frénésie en écoutant tous ces bruits de printemps et d'amour que la montagne recèle, en voyant les sucriers se poursuivre et s'agacer, les insectes s'endormir voluptueusement embrassés dans le calice des fleurs, en respirant la poussière embrasée que les palmiers s'envoient, transports aériens, plaisirs subtils auxquels la molle brise de l'été sert de couche. Alors j'étais ivre, j'étais fou ; je demandais l'amour aux fleurs, aux oiseaux, à la voix du torrent. J'appelais avec fureur ce bonheur inconnu dont l'idée seule me faisait délirer. Mais je vous apercevais accourant à moi folâtre et rieuse, là-bas sur le sentier, si petite au loin et si malhabile à franchir les rochers, qu'on vous eût prise, avec votre robe blanche et vos cheveux bruns, pour un pingouin des terres australes ; alors mon sang se calmait, mes lèvres ne brûlaient plus ; j'oubliais devant l'Indiana de sept ans, l'Indiana de quinze ans que je venais de rêver ; je vous ouvrais mes bras avec une joie pure ; vos caresses rafraîchissaient mon front ; j'étais heureux, j'étais père.

« Que de journées libres et paisibles nous avons passées au fond de ce ravin ! Combien de fois j'ai baigné vos petits pieds dans l'eau pure de ce lac ! Combien de fois je vous ai regardée dormir dans ces roseaux, ombragée sous le parasol d'une feuille de latanier ! C'est alors quelquefois que mes tourments recommençaient. Je m'affligeais de vous voir si petite ; je me demandais si, avec de telles angoisses, je vivrais jusqu'au jour où vous pourriez me comprendre et me répondre. Je soulevais doucement vos cheveux fins comme la soie et les baisais avec amour. Je les comparais avec d'autres boucles que j'avais coupées sur votre front les années précédentes et que je gardais dans mon portefeuille. Je m'assurais avec plaisir des teintes

of your childhood; I did not let a word escape me which could suggest to you that there were such things as tears and misery in life. I left you, at the age of ten, in all the ignorance, all the security that were yours when your nurse placed you in my arms, one day when I had determined to die.

"Often as I sat alone on this cliff I wrung my hands frantically as I listened to all the sounds of spring time and of love which the mountain gives forth, as I saw the creepers chase each other to and fro, the insects sleeping in a voluptuous embrace in the calyx of a flower, as I inhaled the burning dust which the palm-trees sent to one another—ethereal transports, subtle joys to which the gentle summer breeze serves as a couch. At such times I was frantic, I was mad. I appealed for love to the flowers, to the birds, to the voice of the torrent. I called wildly upon that unknown bliss, the mere thought of which made my brain whirl. But I would see you running toward me, along yonder path, merry and laughing, so tiny in the distance and so awkward about climbing the rocks that one might have taken you for a penguin, with your white dress and your brown hair. Then my blood would grow calm, my lips cease to burn. In presence of the little Indiana of seven I would forget the Indiana of fifteen of whom I had just been dreaming. I would open my arms to you with pure delight; your kisses would cool my forehead. At those times I was happy; I was a father.

"How many free, peaceful days we have passed in this ravine! How many times I have bathed your feet in the pure water of yonder basin! How many times I have watched you sleeping among the reeds, shaded by the leaf of a palm for an umbrella! It was at those times that my tortures would occasionally begin anew. It was a sore affliction to me that you were so small. I would ask myself whether, suffering as I did, I could live until the day when you could understand me and respond to my love. I would gently lift your silken locks and kiss them with passion. I would compare them with curls I had cut from your head in preceding years and which I kept in my wallet. I would joyously make sure of the darker shade that each

plus foncées que chaque printemps leur avait données. Puis je regardais sur le tronc d'un dattier voisin divers signes que j'y avais gravés pour marquer l'élévation progressive de votre taille durant quatre ou cinq ans. L'arbre porte encore ces cicatrices, Indiana ; je les ai retrouvées la dernière fois que je suis venu souffrir ici. Hélas ! en vain vous avez grandi ; en vain votre beauté a tenu ses promesses ; en vain vos cheveux sont devenus noirs comme l'ébène ; vous n'avez pas grandi pour moi, ce n'est pas pour moi que vos charmes se sont développés ; c'est pour un autre que votre cœur a battu pour la première fois.

« Vous souvenez-vous comme nous filions, légers comme deux tourterelles, le long des buissons de jamrosiers ? Vous souvenez-vous aussi que nous nous égarions parfois dans les savanes qui s'étendent au-dessus de nous ? Une fois nous entreprîmes d'atteindre aux sommets brumeux des Salazes ; mais nous n'avions pas prévu qu'à mesure que nous montions, les fruits devenaient plus rares, les cataractes moins abordables, le vent plus terrible et plus dévorant.

« Quand vous vîtes la végétation fuir derrière nous, vous voulûtes retourner ; mais quand nous eûmes traversé la région des capillaires, nous trouvâmes quantité de fraisiers, et vous étiez si occupée à remplir votre panier de leurs fruits, que vous ne songiez plus à quitter ce lieu. Il fallut renoncer à aller plus loin. Nous ne marchions plus que sur des roches volcaniques persillées comme du biscuit et parsemées de plantes laineuses ; ces pauvres herbes, battues des vents, nous faisaient penser à la bonté de Dieu, qui semble leur avoir donné un vêtement chaud pour résister aux outrages de l'air. Et puis la brume devint si épaisse que nous ne pouvions plus nous diriger et qu'il fallut redescendre. Je vous rapportai dans mes bras. Je descendis avec précaution les pentes escarpées de la montagne. La nuit nous surprit à l'entrée du premier bois qui fleurissait dans la troisième région. J'y cueillis des grenades pour vous, et pour étancher ma soif je me contentai de ces lianes dont la sève abondante fournit, quand on casse leurs rameaux, une eau pure et fraîche. Nous nous rappelâmes alors l'aventure de nos héros favoris égarés dans le

recurring spring gave to them. Then I would examine the marks on the trunk of a date-tree nearby, that I had made to show the progressive increase in your height for four or five years. The tree still bears those scars, Indiana; I found them on it the last time I came here to suffer. Alas! in vain did you grow taller and taller; in vain did your beauty keep all its promises; in vain did your hair become black as ebony. You did not grow for me; not for me did your charms develop. The first time that your heart beat faster it was for another than me.

"Do you remember how we ran, as light of foot as two turtle-doves, among the thickets of wild rose bushes? Do you remember, too, that we sometimes went astray in the forests over our heads? Once we tried to reach the mist-enveloped peaks of the Salazes; but we had not foreseen that the higher we went the scarcer the fruit became, the less accessible the streams, the more terrible and more penetrating the cold.

"When we saw the vegetation receding behind us you would have returned; but when we had crossed the fern belt we found a quantity of wild strawberries, and you were so busy filling your basket with them that you thought no more about leaving the place. But we had to abandon the idea of going on. We were walking on volcanic rocks covered with little brown spots, and with woolly plants growing among them. Those wretched wind-beaten weeds made us think of the goodness of God, who has given them a warm garment to withstand the violence of the storm. Then the mist became so dense that we could not tell where we were going, and we had to go down again. I carried you in my arms. I crept carefully down the deep slopes of the mountain. Darkness surprised us as we entered the first woods, in the third belt of vegetation. I picked some pomegranates for you and made shift to quench my own thirst with the convolvuli, the stalks of which contain an abundant supply of cool, pure water. Thereupon we recalled the adventure of our favorite heroes, when

bois de la Rivière-Rouge. Mais, nous autres, nous n'avions ni mères tendres, ni serviteurs empressés, ni chien fidèle pour s'enquérir de nous. Eh bien, j'étais content, j'étais fier ; j'étais seul chargé de veiller sur vous, et je me trouvais plus heureux que Paul.

« Oui, c'était un amour pur, un amour profond et vrai que déjà vous m'inspiriez. Noun, à dix ans, était plus grande que vous de toute la tête ; créole dans l'acception la plus étendue, elle était déjà développée, son œil humide s'aiguisait déjà d'une expression singulière, sa contenance et son caractère étaient ceux d'une jeune fille. Eh bien, je n'aimais pas Noun, ou bien je ne l'aimais qu'à cause de vous dont elle partageait les jeux. Il ne m'arrivait point de me demander si elle était déjà belle, si elle le serait quelque jour davantage. Je ne la regardais pas. À mes yeux elle était plus enfant que vous. C'est que je vous aimais. Je comptais sur vous : vous étiez la compagne de ma vie, le rêve de ma jeunesse…

« Mais j'avais compté sans l'avenir. La mort de mon frère me condamna à épouser sa fiancée. Je ne vous dirai rien de ce temps de ma vie ; ce ne fut pas encore le plus amer, Indiana, et cependant je fus l'époux d'une femme qui me haïssait et que je ne pouvais aimer. Je fus père, et je perdis mon fils ; je devins veuf, et j'appris que vous étiez mariée !

« Ces jours d'exil en Angleterre, cette époque de douleur, je ne vous les raconte pas. Si j'eus des torts envers quelqu'un, ce ne fut pas envers vous ; et si quelqu'un en eut envers moi, je ne veux pas m'en plaindre. Là je devins plus égoïste, c'est-à-dire plus triste et plus défiant que jamais. À force de douter de moi, on m'avait contraint à devenir orgueilleux et à compter sur moi-même. Aussi je n'eus, pour me soutenir dans ces épreuves, que le témoignage de mon cœur. On me fit un crime de ne pas chérir une femme qui ne m'épousa que par contrainte et ne me témoigna jamais que du mépris ! On a remarqué depuis, comme un des principaux caractères de mon égoïsme, l'éloignement que je semblais éprouver pour les enfants. Il est arrivé à Raymon de me railler cruellement sur cette disposition, en

they lost themselves in the forests of the Rivière-Rouge. But we had no loving mothers, nor zealous servants, nor faithful dog to search for us. But I was content; I was proud. I shared with no one the duty of watching over you, and I considered myself more fortunate than Paul.

"Yes, it was a profound and pure and true passion that you inspired in me even then. Noun, at ten years, was a head taller than you; a creole in the fullest acceptation of the word, she was already developed. Her melting eyes already shone with a curious expression; her bearing and character were those of a young woman. But I did not love Noun, or I loved her only because of you, with whom she always played. It never occurred to me to wonder whether she was beautiful already; whether she would be more beautiful some day. I never looked at her. In my eyes she was more of a child than you; for, you see, I loved you. I staked all my hopes upon you; you were the companion of my life, the dream of my youth.

"But I had counted without the future. My brother's death condemned me to marry his bride. I will not tell you of this time of my life; it was not yet the most bitter, Indiana, and yet I was the husband of a woman who hated me and whom I could not love. I was a father, and I lost my son; I became a widower, and I learned that you were married!
(Note: this passage was not translated in the original translation.)

"Those days of exile in England, that period of pain and grief, I will not describe. If I treated any one badly, it was not you; and if any one treated me badly, I do not propose to complain. There I became more *egotistical* that is to say more depressed and more distrustful than ever. By being suspicious of me, people had compelled me to become self-sufficient and to rely upon myself. Thus I had only the testimony of my own heart to support me in those trials. It was attributed to me as a crime that I did not love a woman who married me only because she was forced to and who never treated me with anything but contempt. It was afterwards remarked that one of the principal characteristics of my egotism was the aversion I seemed to feel for children. Raymon more than once bantered me cruelly concerning

observant que les soins nécessaires à l'éducation des enfants cadraient mal avec les habitudes rigidement méthodiques d'un vieux garçon. Je pense qu'il ignorait que j'ai été père, et que c'est moi qui vous ai élevée. Mais aucun de vous n'a voulu comprendre que le souvenir de mon fils était, après bien des années, aussi cuisant pour moi que le premier jour, et que mon cœur ulcéré se gonflait à la vue des blondes têtes qui me le rappelaient. Quand un homme est malheureux, on craint de ne pas le trouver assez coupable, parce qu'on craint d'être forcé de le plaindre.

« Mais ce que nul ne pourra jamais comprendre, c'est l'indignation profonde, c'est le désespoir sombre, qui s'emparèrent de moi lorsqu'on m'arracha de ces lieux, moi pauvre enfant du désert, à qui personne n'avait daigné jeter un regard de pitié, pour me charger des liens de la société ; lorsqu'on m'imposa d'occuper une place vide dans ce monde qui m'avait repoussé ; lorsqu'on voulut me faire comprendre que j'avais des devoirs à remplir envers ces hommes qui avaient méconnu les leurs envers moi. Eh quoi ! nul d'entre les miens n'avait voulu être mon appui, et maintenant tous me convoquaient à l'assemblée de leurs intérêts pour me charger de les défendre ! On ne voulait pas même me laisser jouir en paix de ce qu'on ne dispute point aux parias, l'air de la solitude ! je n'avais dans la vie qu'un bien, un espoir, une pensée, celle que vous m'apparteniez pour toujours ; on me l'enleva, on me dit que vous n'étiez pas assez riche pour moi. Amère dérision ! moi que les montagnes avaient nourri et que le toit paternel avait répudié ! moi à qui on n'avait pas laissé connaître l'usage des richesses, et à qui l'on imposait maintenant la charge de faire prospérer celles des autres !

« Cependant je me soumis. Je n'avais pas le droit d'élever une prière pour qu'on épargnât mon chétif bonheur ; j'étais bien assez dédaigné ; résister, c'eût été me rendre odieux. Inconsolable de la mort de son autre fils, ma mère menaçait de mourir elle-même si je n'obéissais à mon destin. Mon père, qui m'accusait de ne savoir pas le consoler, comme si j'étais coupable du peu d'amour qu'il m'accordait, était

that supposed peculiarity, observing that the care necessary for the education of children was quite inconsistent with the rigidly methodical ways of an old bachelor. I fancy that he did not know that I had been a father, and that it was I who educated you. But none of you would ever understand that the memory of my son was as intensely painful to me after many years as on the first day, and that my sore heart swelled at the sight of flaxen heads that reminded me of him. When a man is unhappy, people are terribly afraid of not finding him blameworthy enough, because they dread being compelled to pity him.

"But what no one will ever be able to understand is the profound indignation, the black despair which took possession of me when I, a poor child of the desert, upon whom no one had ever deigned to cast a pitying glance, was forced to leave this spot and take upon myself the burdens of society; when I was told that I must fill an empty place that had spurned me; when they tried to make me understand that I had duties to fulfil toward those men and women who had disregarded their duties toward me. Think of it! no one of all my kindred had chosen to be my protector and now they all called upon me to undertake the defence of their interests! They would not even leave me to enjoy in peace what pariahs enjoy, the air of solitude! I had but one thing in life that I cherished, one thought, one hope—that you would belong to me forever; they deprived me of that, they told me that you were not rich enough for me. Bitter mockery! for me whom the mountains had nourished and whom my father's roof had cast out! me, who had never been allowed to learn the use of riches, and upon whom was now laid the duty of managing to advantage the riches of other people!

"However I submitted. I had no right to pray that my paltry happiness might be spared; I was despised enough, Heaven knows! to resist would have been to make myself odious. My mother, inconsolable for her other son's death, threatened to die herself if I did not follow out my destiny. My father, who accused me of not knowing how to comfort him, as if I were to blame because he loved me so little, was

prêt à me maudire si j'essayais d'échapper à son joug. Je courbai la tête ; mais ce que je souffris, vous-même, qui fûtes aussi bien malheureuse ne sauriez l'apprécier. Si, poursuivi, froissé, opprimé comme je l'ai été, je n'ai point rendu aux hommes le mal pour le mal, peut-être faut-il en conclure que je n'avais pas le cœur stérile, comme on me l'a reproché.

« Quand je revins ici, quand je vis l'homme auquel on t'avait mariée... pardonne, Indiana, c'est alors que je fus vraiment égoïste ; il y a toujours de l'égoïsme dans l'amour, puisqu'il y en eut même dans le mien ; j'éprouvai je ne sais quelle joie cruelle en pensant que ce simulacre légal te donnait un maître et non pas un époux. Tu t'étonnas de l'espèce d'affection que je lui témoignai ; c'est que je ne trouvai pas en lui un rival. Je savais bien que ce vieillard ne pouvait ni inspirer ni ressentir l'amour, et que ton cœur sortirait vierge de cet hyménée. Je lui fus reconnaissant de tes froideurs et de tes tristesses. S'il fût resté ici, je serais peut-être devenu bien coupable ; mais vous me laissâtes seul, et il ne fut pas en mon pouvoir de vivre sans toi. J'essayai de vaincre cet indomptable amour qui s'était ranimé dans toute sa violence en te retrouvant belle et mélancolique comme je t'avais rêvée dès tes jeunes ans. Mais la solitude ne fit qu'aigrir mon mal, et je cédai au besoin que j'avais de te voir, de vivre sous le même toit, de respirer le même air, de m'enivrer à toute heure du son harmonieux de ta voix. Tu sais quels obstacles je devais rencontrer, quelles défiances je devais combattre ; je compris alors quels devoirs je m'imposais ; je ne pouvais associer ma vie à la tienne sans rassurer ton époux par une promesse sacrée, et je n'ai jamais su ce que c'était que de me jouer de ma parole. Je m'engageai donc d'esprit et de cœur à n'oublier jamais mon rôle de frère, et dis-moi, Indiana, ai-je trahi mon serment ?

« J'ai compris aussi qu'il me serait difficile, impossible peut-être d'accomplir cette tâche rigide, si je dépouillais le déguisement qui éloignait de moi tout rapport intime, tout sentiment profond ; j'ai compris qu'il ne me fallait pas jouer avec le danger, car ma passion

ready to curse me if I tried to escape from his yoke. I bent my head; but what I suffered even you yourself, although you too have been very unhappy, could never understand. If, after being hunted and maltreated and oppressed as I have been, I have not returned mankind evil for evil, perhaps it is a fair conclusion that my heart is not so cold and sterile as it has been accused of being.

"When I came back here, when I saw the man to whom you had been married—forgive me, Indiana, that was the time when I was genuinely selfish; there must always be selfishness in love, since there was a touch of it even in mine—I felt an indescribably cruel joy in the thought that that legal sham would give you a master and not a husband. You were surprised at the species of affection for him I displayed; it was because I did not look upon him as a rival. I knew well enough that that old man could neither feel nor inspire love, and that your heart would come forth untouched from that marriage. I was grateful to him for your coldness and your melancholy. If he had remained here, I should perhaps have become a very guilty man; but you left me alone and it was not in my power to live without you. I tried to conquer the indomitable love which had sprung to life again in all its force when I found you as fair and sad as I had dreamed of you in your childhood. But solitude only intensified my suffering and I yielded to the craving I felt to see you, to live under the same roof, to breathe the same air, to drink my fill every hour of the melodious tones of your voice. You know what obstacles I had to meet, what distrust I had to overcome; I realized then what duties I had voluntarily undertaken; I could not connect my life with yours without quieting your husband's suspicions by a sacred promise, and I have never known what it was to trifle with my word. I pledged myself therefore with my mind and my heart never to forget my rôle of brother, and I ask you, Indiana, if I ever was false to my oath.

"I realized also that it would be difficult, perhaps impossible, for me to perform that painful task, if I laid aside the disguise that precluded any intimate relations, any profound sentiment; I realized that I must not play with the danger, for my passion was too intense to come

était trop ardente pour sortir victorieuse d'un combat. J'ai senti qu'il fallait élever autour de moi un triple mur de glace, afin de m'aliéner ton intérêt, afin de m'arracher ta compassion, qui m'eût perdu. Je me suis dit que le jour où tu me plaindrais, je serais déjà coupable, et j'ai consenti à vivre sous le poids de cette affreuse accusation de sécheresse et d'égoïsme, que, grâce au ciel, vous ne m'avez pas épargnée. Le succès de ma feinte a passé mon espérance ; vous m'avez prodigué une sorte de pitié insultante, comme celle qu'on accorde aux eunuques ; vous m'avez refusé une âme et des sens ; vous m'avez foulé aux pieds, et je n'ai pas eu le droit de montrer même l'énergie de la colère et de la vengeance, car c'eût été me trahir et vous apprendre que j'étais un homme.

« Je me plains des hommes et non pas de toi, Indiana. Toi, tu fus toujours bonne et miséricordieuse, tu me supportas sous le vil travestissement que j'avais pris pour t'approcher. Tu ne me fis jamais rougir de mon rôle, tu me tins lieu de tout, et quelquefois je pensai avec orgueil que, si tu me regardais avec bienveillance tel que je m'étais fait pour être méconnu, tu m'aimerais peut-être si tu pouvais me connaître un jour. Hélas ! quelle autre que toi ne m'eût repoussé ? quelle autre eût tendu la main à ce crétin sans intelligence et sans voix ? Excepté toi, tous se sont éloignés avec dégoût de l'égoïste ! Ah ! c'est qu'il n'y avait au monde qu'un être assez généreux pour ne pas se rebuter de cet échange sans profit ; il n'y avait qu'une âme assez large pour répandre le feu sacré qui la vivifiait jusque sur l'âme étroite et glacée du pauvre abandonné. Il fallait un cœur qui eût de trop ce que je n'avais pas assez. Il n'était sous le ciel qu'une Indiana capable d'aimer un Ralph.

« Après toi, celui qui me montra le plus d'indulgence, ce fut Delmare. Tu m'as accusé de te préférer cet homme, de sacrifier ton bien-être au mien propre en refusant d'intervenir dans vos débats domestiques. Injuste et aveugle femme ! tu n'as pas vu que je t'ai servie autant qu'il a été possible de le faire, et surtout tu n'as pas compris que je ne pouvais élever la voix en ta faveur sans me trahir. Que serais-tu

forth victorious from a battle. I felt that I must erect about myself a triple wall of ice, in order to repel your interest in me, in order to deprive myself of your compassion, which would have ruined me. I said to myself that on the day that you pitied me, I should be already guilty, and I made up my mind to live under the weight of that horrible accusation of indifference and selfishness, which, thank Heaven! you did not fail to bring against me. The success of my ruse surpassed my hopes; you lavished upon me a sort of insulting pity like that which is accorded to eunuchs; you denied me the possession of a heart and passions; you trampled me under foot, and I had not the right to display energy enough to be angry and vow vengeance, for that would have betrayed me and shown you that I was a man.

"I complain of mankind at large and not of you, Indiana. You were always kind and merciful; you tolerated me under this despicable disguise I had adopted in order to be near you; you never made me blush for my rôle, you were all in all to me, and sometimes I thought with pride that if you looked kindly upon me in the guise I had assumed in order that you might misunderstand me, you might perhaps love me if you should know me some day as I really was. Alas! what other than you would not have spurned me? what other would have held out her hand to that speechless, witless clown? Everybody but you held aloof with disgust from the *egotist!* Ah! there was one being in the world generous enough not to tire of that profitless exchange; there was one heart large enough to shed something of the blessed flame that animated it upon the narrow, benumbed heart of the poor abandoned wretch. It required a heart that had too much of that of which I had not enough. There was under Heaven but one Indiana capable of caring for a Ralph.

"Next to you the person who showed me the most indulgence was Delmare. You accused me of preferring him to you, of sacrificing your comfort to my own by refusing to interfere in your domestic quarrels. Unjust, blind woman! you did not see that I served you as well as it was possible to do; and, above all, you did not understand that I could not raise my voice in your behalf without betraying

devenue si Delmare m'eût chassé de chez lui ? qui t'aurait protégée patiemment, en silence, mais avec la persévérante fermeté d'un amour impérissable ? Ce n'eût pas été Raymon. Et puis, je l'aimais par reconnaissance, je l'avoue, cet être rude et grossier qui pouvait m'arracher le seul bonheur qui me restât et qui ne l'a pas fait, cet homme dont le malheur était de ne pas être aimé de toi, et dont l'infortune avait des sympathies secrètes avec la mienne ! Je l'aimais aussi par cela même qu'il ne m'avait jamais fait endurer les tortures de la jalousie...

« Mais me voici arrivé à vous parler de la plus effroyable douleur de ma vie, de ces temps de fatalité où votre amour tant rêvé appartint à un autre. C'est alors que je compris tout à fait l'espèce de sentiment que je comprimais depuis tant d'années. C'est alors que la haine versa des poisons dans mon sein, et que la jalousie dévora le reste de mes forces. Jusque-là mon imagination vous avait gardée pure ; mon respect vous entourait d'un voile que la naïve audace des songes n'osait pas même soulever ; mais quand j'eus l'horrible pensée qu'un autre vous entraînait dans sa destinée, vous arrachait à ma puissance et s'enivrait à longs traits du bonheur que je n'osais pas même rêver, je devins furieux ; j'aurais voulu, cet homme exécré, le voir au fond de ce gouffre pour lui briser la tête à coups de pierre.

« Cependant vos maux furent si grands, que j'oubliai les miens. Je ne voulus pas le tuer parce que vous l'auriez pleuré. J'eus même envie vingt fois, que le ciel me pardonne ! d'être infâme et vil, de trahir Delmare et de servir mon ennemi. Oui, Indiana, je fus si insensé, si misérable de vous voir souffrir, que je me repentis d'avoir cherché à vous éclairer, et que j'aurais donné ma vie pour léguer mon cœur à cet homme ! Oh ! le scélérat ! que Dieu lui pardonne les maux qu'il m'a faits ; mais qu'il le punisse de ceux qu'il a amassés sur votre tête ! C'est pour ceux-là que je le hais ; car, pour moi, je ne sais plus quelle a été ma vie quand je regarde ce qu'il a fait de la vôtre. C'est

myself. What would have become of you if Delmare had turned me out of his house? who would have protected you, patiently, silently, but with the persevering steadfastness of an undying love? Not Raymon surely. And then I was fond of him from a feeling of gratitude, I confess;—yes, fond of that rough, vulgar creature who had it in his power to deprive me of my only remaining joy, and who did not do it; that man whose misfortune it was not to be loved by you, so that there was a secret bond of sympathy between us! I was fond of him too for the very reason that he had never caused me the tortures of jealousy.

"But I have come now to the most ghastly sorrow of my life, to the fatal time when your love, of which I had dreamed so long, belonged to another. Then and not till then did I fully realize the nature of the sentiment that I had held in check so many years. Then did hatred pour poison into my breast and jealousy consume what was left of my strength. Hitherto my imagination had kept you pure; my respect encompassed you with a veil which the innocent audacity of dreams dared not even raise; but when I was assailed by the horrible thought that another had involved you in his destiny, had snatched you from my power and was intoxicating himself with deep draughts of the bliss of which I dared not I even dream, I became frantic; I would have rejoiced to see that detested man at the foot of this precipice and to roll stones down upon his head.

"However your sufferings were so great that I forgot my own. I did not choose to kill him, because you would have wept for him. Indeed I was tempted twenty times, Heaven forgive me! to be a vile and despicable wretch, to betray Delmare and serve my enemy. Yes, Indiana, I was so insane, so miserable at the sight of your suffering, that I repented having tried to enlighten you and that I would have given my life to bequeath my heart to that man! Oh! the villain! may God forgive him for the injury he has done me! but may He punish him for the misery he has heaped on your head! It is for that that I hate him; for, so far as I am concerned, I forget what my life has been, when I see what he has made of yours. He is a man whom

lui que la société aurait dû marquer au front dès le jour de sa naissance ! c'est lui qu'elle aurait dû flétrir et repousser comme le plus aride et le plus pervers ! Mais, au contraire, elle l'a porté en triomphe. Ah ! je reconnais bien là les hommes, et je ne devrais pas m'indigner ; car, en adorant l'être difforme qui décime le bonheur et la considération d'autrui, ils ne font qu'obéir à la nature.

« Pardon, Indiana, pardon ! il est cruel peut-être de me plaindre devant vous, mais c'est la première et la dernière fois ; laissez-moi maudire l'ingrat qui vous pousse dans la tombe. Il a fallu cette formidable leçon pour vous ouvrir les yeux. En vain du lit de mort de Delmare et de celui de Noun une voix s'est élevée pour vous crier : « Prends garde à lui, il te perdra ! », vous avez été sourde ; votre mauvais génie vous a entraînée, et, flétrie que vous êtes, l'opinion vous condamne et l'absout. Il a fait toutes sortes de maux, lui, et l'on n'y a pas fait attention. Il a tué Noun, et vous l'avez oublié ; il vous a perdue, et vous lui avez pardonné. C'est qu'il savait éblouir les yeux et tromper la raison ; c'est que sa parole adroite et perfide pénétrait dans les cœurs ; c'est que son regard de vipère fascinait ; c'est que la nature, en lui donnant mes traits métalliques et ma lourde intelligence eût fait de lui un homme complet.

« Oh ! oui ! que Dieu le punisse, car il a été féroce envers vous ; ou plutôt qu'il lui pardonne, car il a été plus stupide que méchant peut-être ! Il ne vous a pas comprise, il n'a pas apprécié le bonheur qu'il pouvait goûter ! Oh ! vous l'aimiez tant ! il eût pu rendre votre existence si belle ! À sa place, je n'aurais pas été vertueux ; j'aurais fui avec vous dans le sein des montagnes sauvages, je vous aurais arrachée à la société pour vous posséder à moi seul, et je n'aurais eu qu'une crainte, c'eût été de ne vous voir pas assez maudite, assez abandonnée, afin de vous tenir lieu de tout. J'eusse été jaloux de votre considération, mais dans un autre sens que lui : c'eût été pour la détruire, afin de la remplacer par mon amour. J'eusse souffert de voir un autre homme vous donner une parcelle de bien-être, un instant de satisfaction, c'eût été un vol que l'on m'eût fait ; car votre bonheur eût été ma tâche, ma propriété, mon existence, mon honneur

society should have branded on the forehead on the day of his birth! whom it should have spat upon and cast out as the hardest-hearted and vilest of men! But on the contrary, she bore it aloft in triumph. Ah! I recognize mankind in that, and I ought not to be indignant; for man simply obeys his nature in adoring the deformed creature who destroys the happiness and consideration of another.

"Forgive me, Indiana, forgive me! it is cruel perhaps to complain before you, but this is the first time and the last; let me curse the ungrateful wretch who has driven you to the grave. This terrible lesson was necessary to open your eyes. In vain did a voice from Noun's deathbed and Delmare's cry out to you: 'Beware of him, he will ruin you!'—you were deaf: your evil genius led you on and, dishonored as you are, public opinion condemns you and absolves him. He did all sorts of evil and no heed was paid to it. He killed Noun and you forgot it; he ruined you and you forgave him. You see, he had the art to dazzle the eyes and deceive the mind; his adroit, deceitful words found their way to the heart; his viper's glance fascinated; and if nature had given him my metallic features and my dull intelligence she would have made a perfect man of him.

"Yes, I say, may God punish him, for he was barbarous to you! or, rather, may He forgive him, for perhaps he was more stupid than wicked! He did not understand you; he did not appreciate the happiness he might have enjoyed! Oh! you loved him so dearly! He might have made your life so beautiful! In his place I would not have been virtuous; I would have fled with you into the heart of the mountains; I would have torn you from society to have you all to myself, and I should have had but one fear, that you would not be accursed and abandoned sufficiently so that I might be all in all to you. I would have been jealous of your consideration, but not in the same way that he was; my aim would have been to destroy it in order to replace it by my love. I should have suffered intensely to see another man give you the slightest morsel of pleasure, a moment's gratification; it would have been a theft from me; for your happiness

! Oh ! comme ce ravin sauvage pour toute demeure, ces arbres de la montagne pour toute richesse, m'eussent fait vain et opulent, si le ciel me les eût donnés avec votre amour !... Laissez-moi pleurer, Indiana, c'est la première fois de ma vie que je pleure ; Dieu a voulu que je ne mourusse pas sans connaître ce triste plaisir. »

Ralph pleurait comme un enfant. C'était la première fois, en effet, que cette âme stoïque se laissait aller à la compassion d'elle-même ; encore y avait-il dans ces larmes plus de douleur pour le sort d'Indiana que pour le sien.

« Ne pleurez pas sur moi, lui dit-il en voyant qu'elle aussi était baignée de larmes ; ne me plaignez point ; votre pitié efface tout le passé, et le présent n'est plus amer. De quoi souffrirais-je maintenant ? vous ne l'aimez plus.

— Si je vous avais connu, Ralph, je ne l'eusse jamais aimé, s'écria madame Delmare ; c'est votre vertu qui m'a perdue.

— Et puis, dit Ralph en la regardant avec un douloureux sourire, j'ai bien d'autres sujets de joie ; vous m'avez fait, sans vous en douter, une confidence durant les heures d'épanchement de la traversée. Vous m'avez appris que ce Raymon n'avait pas été aussi heureux qu'il avait eu l'audace de le prétendre, et vous m'avez délivré d'une partie de mes tourments ; vous m'avez ôté le remords de vous avoir si mal gardée ; car j'ai eu l'insolence de vouloir vous protéger contre ses séductions ; et en cela je vous ai fait injure, Indiana ; je n'ai pas eu foi en votre force : c'est encore un de mes crimes qu'il faut me pardonner.

— Hélas ! dit Indiana, vous me demandez pardon ! à moi qui ai fait le malheur de votre vie, à moi qui ai payé un amour si pur et si généreux d'un inconcevable aveuglement, d'une féroce ingratitude ; c'est moi qui devrais ici me prosterner et demander pardon.

would have been my care, my property, my life, my honor! Oh! how vain and how wealthy I would have been with this wild ravine for my only home, these mountain trees for my only fortune, if heaven had given them to me with your love! Let us weep, Indiana; it is the first time in my life that I have wept; it is God's will that I should not die without knowing that melancholy pleasure."

Ralph was weeping like a child. It was in very truth the first time that stoical soul had ever given way to self-compassion; and yet there was in those tears more sorrow for Indiana's fate than for his own.

"Do not weep for me," he said, seeing that her face too was bathed in tears. "Do not pity me; your pity wipes out the whole past, and the present is no longer bitter. Why should I suffer now? You no longer love him."

"If I had known you as you are, Ralph, I should never have loved him," cried Madame Delmare; "it was your virtue that was my ruin."

"And then," continued Ralph, looking at her with a sorrowful smile, "I have many other causes of joy. You unwittingly confided something to me during the hours that we poured out our hearts to each other on board ship. You told me that this Raymon was never so fortunate as he had the presumption to claim to be, and you relieved me of a part of my torments. You took away my remorse for having watched over you so ineffectually; for I had the insolence to try to protect you from his fascinations; and therein I insulted you, Indiana. I did not have faith in your strength; that is another crime for you to forgive."

"Alas!" said Indiana, "you ask me to forgive! me who have made your whole life miserable, who have rewarded so pure and generous a love with incredible blindness, barbarous ingratitude! Why, I am the one who should crawl at your feet and implore forgiveness."

— *Cet amour n'excite donc ni ton dégoût ni ta colère, Indiana ! Ô mon Dieu ! je vous remercie ! je vais mourir heureux ! Écoute, Indiana, ne te reproche plus mes maux. À cette heure, je ne regrette aucune des joies de Raymon, et je pense que mon sort devrait lui faire envie s'il avait un cœur d'homme. C'est moi maintenant qui suis ton frère, ton époux, ton amant pour l'éternité. Depuis le jour où tu m'as juré de quitter la vie avec moi, j'ai nourri cette douce pensée que tu m'appartenais, que tu m'étais rendue pour ne jamais me quitter ; j'ai recommencé à t'appeler tout bas ma fiancée. C'eût été trop de bonheur, ou pas assez peut-être, que de te posséder sur la terre. Dans le sein de Dieu m'attendent les félicités que rêvait mon enfance. C'est là que tu m'aimeras, Indiana ; c'est là que ton intelligence divine, dépouillée de toutes les fictions menteuses de cette vie, me tiendra compte de toute une existence de sacrifices, de souffrances et d'abnégation ; c'est là que tu seras mienne, ô mon Indiana ! car le ciel, c'est toi ; et si j'ai mérité d'être sauvé, j'ai mérité de te posséder. C'est dans ces idées que je t'ai priée de revêtir cet habit blanc : c'est la robe de noces ; et ce rocher qui s'avance vers le lac, c'est l'autel qui nous attend. »*

Il se leva, alla cueillir dans le bosquet voisin une branche d'oranger en fleurs, et vint la poser sur les cheveux noirs d'Indiana ; puis, se mettant à genoux :

« Fais-moi heureux, lui dit-il ; dis-moi que ton cœur consent à cet hymen de l'autre vie. Donne-moi l'éternité ; ne me force pas à demander le néant. »

Si le récit de la vie intérieure de Ralph n'a produit aucun effet sur vous, si vous n'en êtes pas venu à aimer cet homme vertueux, c'est que j'ai été l'inhabile interprète de ses souvenirs, c'est que je n'ai pas pu exercer non plus sur vous la puissance que possède la voix d'un homme profondément vrai dans sa passion. Et puis la lune ne me prête pas son influence mélancolique ; le chant des sénégalis, les parfums du giroflier, toutes les séductions molles et enivrantes d'une nuit des tropiques ne vous saisissent pas au cœur et à la tête. Vous ne

"Then this love of mine arouses neither disgust nor anger in your breast, Indiana? O my God! I thank Thee! I shall die happy! Listen, Indiana; cease to blame yourself for my sufferings. At this moment I regret none of Raymon's joys, and I think that my fate would arouse his envy if he had the heart of a man. Now I am your brother, your husband, your lover for all eternity. Since the day that you promised to leave this life with me, I have cherished the sweet thought that you belonged to me, that you had returned to me never to leave me again. I began once more to call you my betrothed under my breath. It would have been too much happiness—or, it may be, not enough—to possess you on earth. In God's bosom the bliss awaits me of which my childhood dreamed. There, Indiana, you will love me; there, your divine intellect, stripped of all the lying fictions of this life, will make up to me for a whole life of sacrifices, suffering and self-denial; there, you will be mine, O my Indiana! for you are heaven! and if I deserve to be saved, I deserve to possess you. This is what I had in mind when I asked you to put on this white dress; it is the wedding dress; and yonder rock jutting out into the basin is the altar that awaits us."

He rose and plucked a branch from a flowering orange tree in a neighboring thicket and placed it on Indiana's black hair; then he knelt at her feet.

"Make me happy," he said; "tell me that your heart consents to this marriage in another world. Give me eternity; do not compel me to pray for absolute annihilation."

If the story of Ralph's inward life has produced no effect upon you, if you have not come to love that virtuous man, it is because I have proved to be an unfaithful interpreter of his memories, because I have not been able to exert the power possessed by a man who is profoundly in earnest in his passion. Moreover, the moon does not lend me its melancholy influence, nor do the song of the grosbeak, the perfume of the cinnamon-tree, and all the luxurious and intoxicating seductions of a night in the tropics appeal to your head

savez peut-être pas non plus, par expérience, quelles sensations fortes et neuves s'éveillent dans l'âme en face du suicide, et comme les choses de la vie apparaissent sous leur véritable aspect au moment d'en finir avec elles. Cette soudaine et inévitable lumière inonda tous les replis du cœur d'Indiana ; le bandeau, qui depuis longtemps se détachait, tomba tout à fait de ses yeux. Rendue à la vérité, à la nature, elle vit le cœur de Ralph tel qu'il était ; elle vit aussi ses traits tels qu'elle ne les avait jamais vus ; car la puissance d'une si haute situation avait produit sur lui le même effet que la pile de Volta sur des membres engourdis ; elle l'avait délivré de cette paralysie qui chez lui enchaînait les yeux et la voix. Paré de sa franchise et de sa vertu, il était bien plus beau que Raymon, et Indiana sentit que c'était lui qu'il aurait fallu aimer.

« Sois mon époux dans le ciel et sur la terre, lui dit-elle, et que ce baiser me fiance à toi pour l'éternité ! »

Leurs lèvres s'unirent ; et sans doute il y a dans un amour qui part du cœur une puissance plus soudaine que dans les ardeurs d'un désir éphémère ; car ce baiser, sur le seuil d'une autre vie, résuma pour eux toutes les joies de celle-ci.

Alors Ralph prit sa fiancée dans ses bras, et l'emporta pour la précipiter avec lui dans le torrent…

and heart. It may be, too, that you do not know by experience what powerful and novel sensations awake in the heart at the thought of suicide, and how all the things of this life appear in their true light at the moment of severing our connection with them. This sudden light filled all the inmost recesses of Indiana's heart; the bandage, which had long been loosened, fell from her eyes altogether. Newly awake to the truth and to nature, she saw Ralph's heart as it really was. She also saw his features as she had never seen them; for the mental exaltation of his position had produced the same effect on him that the Voltaic battery produces on paralyzed limbs; it had set him free from the paralysis that had fettered his eyes and his voice. Arrayed in all the glory of his frankness and his virtue he was much handsomer than Raymon, and Indiana felt that he was the man she should have loved.

"Be my husband in heaven and on earth," she said, "and let this kiss bind me to you for all eternity!"

Their lips met; and doubtless there is in a love that comes from the heart a greater power than in the ardor of a fugitive desire; for that kiss, on the threshold of another life, summed up for them all the joys of this.

Thereupon Ralph took his fiancée in his arms and bore her away to plunge with her in the torrent.

Alors Ralph prit sa fiancée dans ses bras, et l'emporta… (p.629)

George Burnham Ives

CONCLUSION.

À J. NÉRAUD.

Au mois de janvier dernier, j'étais parti de Saint-Paul, par un jour chaud et brillant, pour aller rêver dans les bois sauvages de l'île Bourbon. J'y rêvais de vous, mon ami ; ces forêts vierges avaient gardé pour moi le souvenir de vos courses et de vos études ; le sol avait conservé l'empreinte de vos pas. Je retrouvais partout les merveilles dont vos récits magiques avaient charmé mes veillées d'autrefois, et, pour les admirer ensemble, je vous redemandais à la vieille Europe, où l'obscurité vous entoure de ses modestes bienfaits. Homme heureux, dont aucun ami perfide n'a dénoncé au monde l'esprit et le mérite !

J'avais dirigé ma promenade vers un lieu désert situé dans les plus hautes régions de l'île, et nommé la Plaine des Géants.

Une large portion de montagne écroulée dans un ébranlement volcanique a creusé sur le ventre de la montagne principale une longue arène hérissée de rochers disposés dans le plus magique désordre, dans la plus épouvantable confusion. Là un bloc immense pose en équilibre sur de minces fragments ; là-bas une muraille de roches minces, légères, poreuses, s'élève dentelée et brodée à jour comme un édifice moresque ; ici un obélisque de basalte, dont un artiste semble avoir poli et ciselé les flancs, se dresse sur un bastion crénelé ; ailleurs une forteresse gothique croule à côté d'une pagode informe et bizarre. Là se sont donné rendez-vous toutes les ébauches de l'art, toutes les esquisses de l'architecture ; il semble que les génies de tous les siècles et de toutes les nations soient venus puiser leurs inspirations dans cette grande œuvre du hasard et de la destruction. Là, sans doute, de magiques élaborations ont enfanté

CONCLUSION

TO J. NERAUD

On a hot, sunshiny day in January last I started from Saint-Paul and wandered into the wild forests of Ile Bourbon to muse and dream. I dreamed of you, my friend; those virgin forests had retained for me the memory of your wanderings and your studies, the ground had kept the imprint of your feet. I found everywhere the marvellous things with which your magical tales charmed the tedium of my vigils in the old days, and, in order that we might enjoy them together, I called upon old Europe, where obscurity encompasses you with its modest advantages, to send you to me. Happy man, whose intellect and merits no treacherous friend has made known to the world!

I walked in the direction of a lonely spot in the highest part of the island, called *Brulé de Saint-Paul.*

A huge fragment of mountain, which was dislodged and fell during some volcanic disturbance, has formed on the slope of the principal mountain a sort of long arena studded with rocks arranged in the most magical disorder, in the most extraordinary confusion. Here, a huge boulder balances itself on a number of small fragments; there, rises a wall of slender, light, porous rocks with dentilated edges and openwork decoration like a Moorish building; farther on, an obelisk of basalt, whose sides an artist seems to have carved and polished, stands upon a crenelated bastion; in another place, a gothic fortress is crumbling to decay beside a curious, shapeless pagoda. That spot is the rendezvous of all the rough drafts of art, all the sketches of architecture; it would seem that all the geniuses of all nations and of all ages went for their inspiration to that vast work of hazard and demolition. There, doubtless some magically elaborate design of

l'idée de la sculpture moresque. Au sein des forêts, l'art a trouvé dans le palmier un de ses plus beaux modèles. Le vacoa, qui s'ancre et se cramponne à la terre par cent bras partis de sa tige, a dû le premier inspirer le plan d'une cathédrale appuyée sur ses légers arcs-boutants. Dans la Plaine des Géants, toutes les formes, toutes les beautés, toutes les facéties, toutes les hardiesses ont été réunies, superposées, agencées, construites en une nuit d'orage. Les esprits de l'air et du feu présidèrent sans doute à cette diabolique opération ; eux seuls purent donner à leurs essais ce caractère terrible, capricieux, incomplet, qui distingue leurs œuvres de celles de l'homme ; eux seuls ont pu entasser ces blocs effrayants, remuer ces masses gigantesques, jouer avec les monts comme avec des grains de sable, et, au milieu de créations que l'homme a essayé de copier, jeter ces grandes pensées d'art, ces sublimes contrastes impossibles à réaliser, qui semblent défier l'audace de l'artiste, et lui dire par dérision : « Essayez encore cela. »

Je m'arrêtai au pied d'une cristallisation basaltique, haute d'environ soixante pieds, et taillée à facettes comme l'œuvre d'un lapidaire. Au front de ce monument étrange, une large inscription semblait avoir été tracée par une main immortelle. Ces pierres volcanisées offrent souvent le même phénomène. Jadis leur substance, amollie par l'action du feu, reçut, tiède et malléable encore, l'empreinte des coquillages et des lianes qui s'y collèrent. De ces rencontres fortuites, sont résultés des jeux bizarres, des impressions hiéroglyphiques, des caractères mystérieux, qui semblent jetés là comme le seing d'un être surnaturel, écrit en lettres cabalistiques.

Je restai longtemps dominé par la puérile prétention de chercher un sens à ces chiffres inconnus. Ces inutiles recherches me firent tomber dans une méditation profonde pendant laquelle j'oubliai le temps qui fuyait.

chance gave birth to the Moorish style of sculpture. In the heart of the forests, art found in the palm-tree one of its most beautiful models. The *vacoa* which anchors itself in the ground and clings to it with a hundred arms branched from its main stalk, evidently furnished the first suggestion of the plan of a cathedral supported by its light flying buttresses. In the *Brulé de Saint-Paul* all shapes, all types of beauty, all humorous and bold conceits were assembled, piled upon one another, arranged and constructed in one tempestuous night. The spirits of air and fire undoubtedly presided over this diabolical operation; they alone could give to their productions that awe-inspiring, fanciful, incomplete character which distinguishes their works from those of man; they alone could have piled up those monstrous boulders, moved those gigantic masses, toyed with mountains as with grains of sand, and strewn, amid creations which man has tried to copy, those grand conceptions of art, those sublime contrasts impossible of realization, which seem to defy the audacity of the artist and to say to him derisively: "Try it again."

I halted at the foot of a crystallized basaltic monument, about sixty feet high and cut with facets as if by a lapidary. At the top of this strange object an inscription seemed to have been traced in bold characters by an immortal hand. Those vulcanized rocks often present that phenomenon; long ago, when their substance, softened by the action of fire, was still warm and malleable, they received and retained the imprint of the shells and climbing plants that clung to them. These chance contacts have resulted in some strange freaks, curious hieroglyphics, mysterious characters which seem to have been stamped there like the seal of some supernatural being, written in cabalistic letters.

I stood there a long time, detained by a foolish idea that I might find a meaning for those ciphers. This profitless search caused me to fall into a profound meditation, during which I forgot that time was flying.

Déjà des vapeurs épaisses s'amoncelaient sur les pics de la montagne et s'abaissaient sur ses flancs, dont elles mangeaient rapidement les contours. Avant que j'eusse atteint la moitié de l'arène des Géants, elles fondirent sur la région que je parcourais et l'enveloppèrent d'un rideau impénétrable. Un instant après s'éleva un vent furieux qui les balaya en un clin d'œil. Puis le vent tomba ; le brouillard se reforma, pour être chassé encore par une terrible rafale.

Je cherchai un refuge contre la tempête dans une grotte, qui me protégea ; mais un autre fléau vint se joindre à celui du vent. Des torrents de pluie gonflèrent le lit des rivières, qui toutes ont leurs réservoirs sur le sommet du cône. En une heure tout fut inondé, et les flancs de la montagne ruisselants de toutes parts, formaient une immense cascade qui se précipitait avec furie vers la plaine.

Après deux jours du plus pénible et du plus dangereux voyage, je me trouvai, conduit par la Providence sans doute, à la porte d'une habitation située dans un endroit extrêmement sauvage. La case simple, mais jolie, avait résisté à la tempête, protégée qu'elle était par un rempart de rochers qui se penchaient comme pour lui servir de parasol. Un peu plus bas, une cataracte furieuse se précipitait dans le fond d'un ravin, et y formait un lac débordé, au-dessus duquel des bosquets de beaux arbres élevaient encore leurs têtes flétries et fatiguées.

Je frappai avec empressement ; mais la figure qui se présenta sur le seuil me fit reculer trois pas. Avant que j'eusse élevé la voix pour demander asile, le patron m'avait accueilli par un signe muet et grave. J'entrai donc, et me trouvai seul, face à face avec lui, avec sir Ralph Brown.

Depuis près d'un an que le navire la Nahandove avait ramené M. Brown et sa compagne à la colonie, on n'avait pas vu trois fois sir Ralph à la ville ; et quant à madame Delmare, sa retraite avait été si absolue, que son existence était encore une chose problématique pour

Already the mists were gathering about the peaks of the mountains, creeping down the sides and rapidly shutting out their outlines. Before I had descended half way to the plateau, they reached the belt that I was crossing and enveloped it in an impenetrable curtain. A moment later a high wind came up and swept the mist away in a twinkling. Then it fell; the mist settled down once more, to be once more driven away by a terrific squall.

I sought shelter from the storm in a grotto which afforded me some protection; but another scourge came to the assistance of the wind. Torrents of rain swelled the streams, all of which flow from the summit of the mountain. In an hour, everything was inundated and the sides of the mountain, with water pouring down on every side, formed one vast cascade which rushed madly down toward the lowlands.

After two days of most painful and dangerous travelling, I found myself, guided by Providence, I doubt not, at the door of a house built in an exceedingly wild locality. The simple but attractive cottage had withstood the tempest, being sheltered by a rampart of cliffs which leaned over it as if to act as an umbrella. A little lower, a waterfall plunged madly down into a ravine and formed at the bottom a brimming lake, above which, clumps of lovely trees still reared their storm-tossed, tired heads.

I knocked vigorously; but the face that appeared in the doorway made me recoil. Before I had opened my mouth to ask for shelter the master of the house had welcomed me gravely and silently with a wave of his hand. I entered and found myself alone with him, face to face with Sir Ralph Brown.

In the year that had passed since the *Nahandove* brought Sir Ralph and his companion back to the colony, he had not been seen in the town three times; and, as for Madame Delmare, her seclusion had been so absolute that her existence was still a problematical matter to

beaucoup d'habitants. C'était à peu près vers la même époque que j'avais débarqué à Bourbon pour la première fois, et l'entrevue que j'avais en cet instant avec M. Brown était la seconde de ma vie.

La première m'avait laissé une impression ineffaçable ; c'était à Saint-Paul, sur le bord de la mer. Les traits et le maintien de ce personnage m'avaient d'abord faiblement frappé ; et puis, lorsque par un sentiment d'oisive curiosité j'avais questionné les colons sur son compte, leurs réponses furent si étranges, si contradictoires, que j'examinai avec plus d'attention le solitaire de Bernica.

« C'est un rustre, un homme sans éducation, me disait l'un ; un homme complètement nul, qui ne possède au monde qu'une qualité, celle de se taire.

— C'est un homme infiniment instruit et profond, me dit un autre, mais trop pénétré de sa supériorité, dédaigneux et fat, au point de croire perdues les paroles qu'il hasarderait avec le vulgaire.

— C'est un homme qui n'aime que soi, dit un troisième ; médiocre et non pas stupide, profondément égoïste, on dit même complètement insociable.

— Vous ne savez donc pas ? me dit un jeune homme élevé dans la colonie, et complètement imbu de l'esprit étroit des provinciaux : c'est un misérable, un scélérat, qui a lâchement empoisonné son ami pour épouser sa femme. »

Cette réponse m'étourdit tellement, que je me retournai vers un autre colon, plus âgé, et que je savais doué d'un certain bon sens.

Comme mon regard lui demandait avidement la solution de tous ces problèmes, il me répondit :

many of the people. It was about the same time that I first landed at Bourbon, and my present interview with Monsieur Brown was the second one I had had in my life.

The first had left an ineradicable impression on me; it was at Saint-Paul, on the seashore. His features and bearing had impressed me only slightly at first; but when, through mere idle curiosity, I questioned the colonists concerning him, their replies were so strange, so contradictory, that I scrutinized the recluse of Bernica more closely.

"He's a clown—a man of no education," said one; "an absolute nullity, who has only one good quality—that of keeping his mouth shut."

"He's an extremely well educated and profound man," said another, "but too strongly persuaded of his own superiority, contemptuous and conceited—so much so that he considers any words wasted that he happens to exchange with the common herd."

"He's a man who cares for nobody but himself," said a third; "a man of inferior capacity, but not stupid; profoundly selfish and, they say, hopelessly unsociable."

"Why, don't you know?" said a young man brought up in the colony and thoroughly imbued with the characteristic narrow-mindedness of provincials, "he's a knave, a villain who poisoned his friend in the most dastardly way in order to marry his wife."

This assertion bewildered me so that I turned to another, older colonist, whom I knew to be possessed of considerable common sense.

As my glance eagerly requested a solution of these enigmas, he answered:

« *Sir Ralph était jadis un galant homme, que l'on n'aimait pas parce qu'il n'était pas communicatif, mais que l'on estimait. Voilà tout ce que je puis dire de lui ; car, depuis sa malheureuse histoire, je n'ai eu aucune relation avec lui.*

— Quelle histoire ? » demandai-je.

On me raconta la mort subite du colonel Delmare, la fuite de sa femme dans la même nuit, le départ et le retour de M. Brown. L'obscurité qui enveloppait toutes ces circonstances n'avait pu être éclaircie par les enquêtes de la justice ; nul n'avait pu prouver le crime de la fugitive. Le procureur du roi avait refusé de poursuivre ; mais on savait la partialité des magistrats pour M. Brown, et on leur faisait un crime de n'avoir pas du moins éclairé l'opinion publique sur une affaire qui laissait la réputation de deux personnes entachée d'un odieux soupçon.

Ce qui semblait confirmer les doutes, c'était le retour furtif des deux accusés et leur établissement mystérieux au fond du désert de Bernica. Ils s'étaient enfuis d'abord, disait-on, pour assoupir l'affaire ; mais l'opinion les avait tellement repoussés en France, qu'ils avaient été contraints de venir se réfugier dans la solitude pour y satisfaire en paix leur criminel attachement.

Mais ce qui réduisait au néant toutes ces versions, c'était une dernière assertion qui me sembla partir de gens mieux informés : madame Delmare, me disait-on avait toujours eu de l'éloignement et presque de l'aversion pour son cousin M. Brown.

J'avais alors regardé attentivement, consciencieusement, pourrais-je dire, le héros de tant de contes étranges. Il était assis sur un ballot de marchandises, attendant le retour d'un marin avec lequel il était entré en marché pour je ne sais quelle emplette ; ses yeux, bleus comme la mer, contemplaient l'horizon avec une expression de rêverie si calme, si candide ; toutes les lignes de son visage

"Sir Ralph was formerly an excellent man, who was not a favorite because he was not communicative, but whom everybody esteemed. That is all I can say about him; for, since his unfortunate experience, I have had no relations with him."

"What experience?" I inquired.

He told me about Colonel Delmare's sudden death, his wife's flight during the same night, and Monsieur Brown's departure and return. The obscurity which surrounded all these circumstances had been in nowise lessened by the investigations of the authorities; there was no evidence that the fugitive had committed the crime. The king's attorney had refused to prosecute; but the partiality of the magistrates for Monsieur Brown was well known, and they had been severely criticised for not having at least enlightened public opinion concerning an affair which left the reputations of two persons marred by a hateful suspicion.

A fact that seemed to justify these suspicions was the furtive return of the two accused persons and their mysterious establishment in the depths of the ravine of Bernica. They had run away at first, so it was said, to give the affair time to die out; but public opinion had been so cold in France that they had been driven to return and take refuge in the desert, to gratify their criminal attachment in peace.

But all these theories were set at naught by another fact which was vouched for by persons who seemed better informed: Madame Delmare, I was told, had always manifested a decided coolness, almost downright aversion for her cousin Monsieur Brown.

I had thereupon scrutinized the hero of so many strange tales carefully—conscientiously, if I may say so. He was sitting on a bale of merchandise, awaiting the return of a sailor whom he had sent to make some purchase or other for him. His eyes, blue as the sea, were gazing pensively at the horizon, with such a placid and honest expression; all the lines of his face were so perfectly in harmony with

s'harmonisaient si bien ; les nerfs, les muscles, le sang, tout semblait si serein, si bien réglé chez cet individu sain et robuste, que j'aurais juré qu'on lui faisait une mortelle injure ; que cet homme n'avait pas un crime dans la mémoire, qu'il n'en avait jamais eu dans la pensée, que son cœur et ses mains étaient purs comme son front.

Mais tout d'un coup le regard distrait du baronnet était venu tomber sur moi, qui l'examinais avec une avide et indiscrète curiosité. Confus comme un voleur pris sur le fait, j'avais baissé les yeux avec embarras ; car ceux de sir Ralph renfermaient un reproche sévère. Depuis cet instant, malgré moi j'avais pensé bien souvent à lui ; il m'était apparu dans mes rêves : j'éprouvais, en songeant à lui, cette vague inquiétude, cette inexprimable émotion, qui sont comme le fluide magnétique dont s'entoure une destinée extraordinaire.

Mon désir de connaître sir Ralph était donc très réel et très vif ; mais j'aurais voulu l'observer à l'écart et n'en être pas vu. Il me semblait que j'étais coupable envers lui. La transparence cristalline de ses yeux me glaçait de crainte. Il devait y avoir chez cet homme une telle supériorité de vertu ou de scélératesse, que je me sentais tout médiocre et tout petit devant lui.

Son hospitalité ne fut ni fastueuse ni bruyante. Il m'emmena dans sa chambre, me prêta des habits et du linge, puis me conduisit auprès de sa compagne, qui nous attendait pour prendre le repas.

En la voyant si belle, si jeune (car elle semblait avoir à peine dix-huit ans), en admirant sa fraîcheur, sa grâce, son doux parler, j'éprouvai une douloureuse émotion. Je songeai aussitôt que cette femme était bien coupable ou bien malheureuse : coupable d'un crime odieux, ou flétrie par une odieuse accusation.

Pendant huit jours, le lit débordé des rivières, les plaines inondées, les pluies et les vents, me retinrent à Bernica ; et puis vint le soleil, et je ne songeai plus à quitter mes hôtes.

one another; nerves, muscles, blood, all seemed so tranquil, so perfect, so well-ordered in that robust and healthy individual, that I would have sworn that all the tales were deadly insults, that he had no crime on his conscience, that he had never had one in his mind, that his heart and his hands were as pure as his brow.

But suddenly the baronet's distraught glance had fallen upon me, as I was staring at him with eager and impertinent curiosity. Confused and embarrassed as a thief caught in the act, I lowered my eyes, for Sir Ralph's expression conveyed a stern rebuke. Since then I had often thought of him, involuntarily; he had appeared in my dreams. I was conscious, as I thought of him, of that vague feeling of uneasiness, that indescribable emotion, which are like the magnetic fluid with which an unusual destiny is encompassed.

My desire to know Sir Ralph was very real, therefore, and very keen; but I should have preferred to watch him furtively, without being seen myself. It seemed to me that I had wronged him. The crystalline appearance of his eyes froze me with terror. It was so evident that he was a man of towering superiority, either in virtue or in villainy, that I felt very small and mean in his presence.

His hospitality was neither showy nor vulgar. He took me to his room, lent me some clothes and clean linen; then led me to his companion, who was awaiting us to take supper.

As I saw how young and lovely she still was—she seemed barely eighteen—and admired her bloom, her grace, and her sweet voice, I felt a thrill of painful emotion. I reflected that that woman was either very guilty or very unfortunate: guilty of a detestable crime or dishonored by a detestable accusation.

I was detained at Bernica for a week by the overflowing of the rivers, the inundation of the plains, the rain and the wind; and then came the sun, and it never occurred to me to leave my hosts.

Ils n'étaient brillants ni l'un ni l'autre ; ils avaient, je crois, peu d'esprit, peut-être même n'en avaient-ils pas du tout ; mais ils avaient celui qui fait dire des choses puissantes ou délicieuses ; ils avaient l'esprit du cœur. Indiana est ignorante, mais non pas de cette ignorance étroite et grossière qui procède de la paresse, de l'incurie ou de la nullité ; elle est avide d'apprendre ce que les préoccupations de sa vie l'ont empêchée de savoir ; et puis peut-être y eut-il un peu de coquetterie de sa part à questionner sir Ralph, afin de faire briller devant moi les immenses connaissances de son ami.

Je la trouvai enjouée, mais sans pétulance ; ses manières ont gardé quelque chose de lent et de triste qui est naturel aux créoles, mais qui, chez elle, me parut avoir un charme plus profond ; ses yeux ont surtout une douceur incomparable, ils semblent raconter une vie de souffrances ; et quand sa bouche sourit, il y a encore de la mélancolie dans son regard, mais une mélancolie qui semble être la méditation du bonheur ou l'attendrissement de la reconnaissance.

Un matin, je leur dis que j'allais enfin partir.

« Déjà ? » me dirent-ils.

L'accent de ce mot dans leur bouche fut si vrai, si touchant, que je me sentis encouragé. Je m'étais promis de ne pas quitter sir Ralph sans lui demander son histoire ; mais, à cause de l'affreux soupçon qu'on avait jadis jeté dans mon esprit, j'éprouvais une insurmontable timidité.

J'essayai de la vaincre.

« Écoutez, lui dis-je, les hommes sont de grands scélérats ; ils m'ont dit du mal de vous. Je ne m'en étonne pas, à présent que je vous connais. Votre vie doit être bien belle, puisqu'elle a été si calomniée... »

Neither of them could be called brilliant. They had little wit, I should say—perhaps indeed they had none at all; but they had that quality which makes one's words impressive and pleasant to hear; they had intellect of the heart. Indiana is ignorant, but not with that narrow, vulgar ignorance which proceeds from indolence, from carelessness or nullity of character. She is eager to learn what the engrossing preoccupations of her life had prevented her from finding out; and then, too, there may have been a little coquetry in the way she questioned Sir Ralph, in order to bring into the light her friend's vast stores of knowledge.

I found her playful, but without petulance; her manners have retained a trace of the languor and melancholy natural to creoles, but in her they seemed to me to have a more abiding charm; her eyes especially have an incomparably soft expression and seem to tell the story of a life of suffering; and when her mouth smiles, there is still a touch of melancholy in those eyes, but the melancholy that seems to be the contemplation of happiness or the emotion of gratitude.

One morning I said to them that at last I was going away.

"Already!" was their answer.

The accent of regret was so genuine, so touching, that I felt encouraged. I had determined that I would not leave Sir Ralph without asking him to tell me his story; but I felt an insurmountable timidity because of the horrible suspicion that had been planted in my mind.

I tried to overcome it.

"Men are great villains," I said to him; "they have spoken ill of you to me. I am not surprised, now that I know you. Your life must have been a very beautiful one, to be so slandered——"

Je m'arrêtai brusquement en voyant un étonnement plein de candeur se peindre sur les traits de madame Delmare. Je compris qu'elle ignorait les atroces méchancetés répandues contre elle, et je rencontrai sur le visage de sir Ralph une expression non équivoque de hauteur et de mécontentement. Je me levai alors pour les quitter, honteux et triste, accablé par le regard de M. Brown, qui me rappelait notre première entrevue et le muet entretien du même genre que nous avions eu ensemble sur le bord de la mer.

Désespéré de quitter pour toujours cet homme excellent dans de telles dispositions, repentant de l'avoir irrité et blessé en récompense des jours de bonheur qu'il venait de mettre dans ma vie, je sentis mon cœur se gonfler et je fondis en larmes.

« Jeune homme, me dit-il en me prenant la main, restez encore un jour avec nous ; je n'ai pas le courage de laisser partir ainsi le seul ami que nous ayons dans la contrée. »

Puis, madame Delmare s'étant éloignée :

« Je vous ai compris me dit-il ; je vous dirai mon histoire, mais pas devant Indiana. Il est des blessures qu'il ne faut pas réveiller. »

Le soir nous allâmes faire une promenade dans les bois. Les arbres, si frais et si beaux quinze jours auparavant, avaient été dépouillés entièrement de leurs feuilles, mais déjà ils se couvraient de gros bourgeons résineux. Les oiseaux et les insectes avaient repris possession de leur empire. Les fleurs flétries avaient déjà de jeunes boutons pour les remplacer. Les ruisseaux repoussaient avec persévérance le sable dont leur lit était comblé. Tout revenait à la vie, au bonheur, à la santé.

« Voyez donc, me disait Ralph, avec quelle étonnante rapidité cette bonne et féconde nature répare ses pertes ! Ne semble-t-il pas qu'elle ait honte du temps perdu, et qu'elle veuille, à force de vigueur et de sève, refaire en quelques jours l'ouvrage d'une année ?

I stopped abruptly when I detected an expression of innocent surprise on Madame Delmare's features. I understood that she knew nothing of the atrocious calumnies current in the colony, and I encountered upon Sir Ralph's face an unequivocal look of haughty displeasure. I rose at once to take my leave of them, shamefaced and sad, crushed by Monsieur Brown's glance, which reminded me of our first meeting and the silent interview of the same sort we had had on the sea-shore.

Bitterly chagrined to leave that excellent man in such a frame of mind, regretting that I had annoyed and wounded him in return for the happy days I owed to him, I felt my heart swell within me and I burst into tears.

"Young man," he said, taking my hand, "remain with us another day; I have not the courage to let the only friend we have on the island leave us in this way

—I understand you," he added, after Madame Delmare had left the room; "I will tell you my story, but not before Indiana. There are wounds which one must not re-open."

That evening we went for a walk in the woods. The trees, which had been so fresh and lovely a fortnight earlier, were entirely stripped of their leaves, but they were already covered with great resinous buds. The birds and insects had resumed possession of their empire. The withered flowers already had young buds to replace them. The streams perseveringly carried seaward the gravel with which their beds were filled. Everything was returning to life and health and happiness.

"Just see," said Ralph to me, "with what astounding rapidity this kindly, fecund nature repairs its losses! Does it not seem as if it were ashamed of the time wasted, and were determined, by dint of a lavish expenditure of sap and vigor, to do over in a few days the work of a year?"

— Et elle y parviendra, reprit madame Delmare. Je me souviens des orages de l'année dernière ; au bout d'un mois, il n'y paraissait plus.

— C'est, lui dis-je, l'image d'un cœur brisé par les chagrins ; quand le bonheur vient le retrouver, il s'épanouit et se rajeunit bien vite. »

Indiana me tendit la main et regarda M. Brown avec une indéfinissable expression de tendresse et de joie.

Quand la nuit fut venue, elle se retira dans sa chambre, et sir Ralph, me faisant asseoir à côté de lui sur un banc dans le jardin, me raconta son histoire jusqu'à l'endroit où nous l'avons laissée dans le précédent chapitre.

Là il fit une longue pause et parut avoir complètement oublié ma présence.

Pressé par l'intérêt que je prenais à son récit, je me décidai à rompre sa méditation par une dernière question.

Il tressaillit comme un homme qui s'éveille ; puis, souriant avec bonhomie :

« Mon jeune ami, me dit-il, il est des souvenirs qu'on déflore en les racontant. Qu'il vous suffise de savoir que j'étais bien décidé à tuer Indiana avec moi. Mais, sans doute, la ratification de notre sacrifice n'était pas encore enregistrée dans les archives du ciel. Un médecin vous dirait peut-être qu'un vertige très-supposable s'empara de ma tête et me trompa dans la direction du sentier. Pour moi, qui ne suis pas médecin le moins du monde en ce sens-là, j'aime mieux croire que l'ange d'Abraham et de Tobie, ce bel ange blanc, aux yeux bleus et à la ceinture d'or, que vous avez vu souvent dans les rêves de votre enfance, descendit sur un rayon de la lune, et que, balancé dans la tremblante vapeur de la cataracte, il étendit ses ailes argentées sur

"And it will succeed," rejoined Madame Delmare. "I remember last year's storms; at the end of a month there was no trace of them."

"It is the image of a heart broken by sorrow," I said to her; "when happiness comes back, it renews its youth and blooms again very quickly."

Indiana gave me her hand and looked at Monsieur Brown with an indescribable expression of affection and joy.

When night fell she went to her room, and Sir Ralph, bidding me sit beside him on a bench in the garden, told me his history to the point at which we dropped it in the last chapter.

There he made a long pause and seemed to have forgotten my presence completely.

Impelled by my interest in his narrative, I decided to interrupt his meditation by one last question.

He started like a man suddenly awakened; then, smiling pleasantly, he said:

"My young friend, there are memories which we rob of their bloom by putting them in words. Let it suffice you to know that I was fully determined to kill Indiana with myself. But doubtless the consummation of our sacrifice was still unrecorded in the archives of Heaven. A doctor would tell you perhaps that a very natural attack of vertigo took possession of my wits and led me astray as to the location of the path. For my own part, who am not a doctor at all in such matters, I prefer to believe that the angel of Abraham and Tobias, that beautiful white angel with the blue eyes and the girdle of gold, whom you often saw in your childish dreams, came down from Heaven on a moonbeam, and, as he hovered in the trembling vapor of the cataract, stretched his silvery wings over my gentle companion's

ma douce compagne. La seule chose qu'il soit en mon pouvoir de vous affirmer, c'est que la lune se coucha derrière les grands pitons de la montagne sans qu'aucun bruit sinistre eût troublé le paisible murmure de la cascade ; c'est que les oiseaux du rocher ne prirent leur vol qu'à l'heure où une ligne blanche s'étendit sur l'horizon maritime ; c'est que le premier rayon de pourpre qui tomba sur le bosquet d'orangers m'y trouva à genoux et bénissant Dieu.

« Ne croyez pourtant pas que j'acceptai tout d'un coup le bonheur inespéré qui venait de renouveler ma destinée. J'eus peur de mesurer l'avenir radieux qui se levait sur moi ; et lorsque Indiana souleva ses paupières pour me sourire, je lui montrai la cascade et lui parlai de mourir.

« Si vous ne regrettez pas d'avoir vécu jusqu'à ce matin, lui dis-je, nous pouvons affirmer l'un et l'autre que nous avons goûté le bonheur dans sa plénitude ; et c'est une raison de plus pour quitter la vie, car mon astre pâlirait peut-être demain. Qui sait si, en quittant ce lieu, en sortant de cette situation enivrante où des pensées de mort et d'amour m'ont jeté, je ne redeviendrai pas la brute haïssable que vous méprisiez hier ? Ne rougirez-vous pas de vous-même en me retrouvant tel que vous m'avez connu ? Ah ! Indiana, épargnez-moi cette atroce douleur ; ce serait le complément de ma destinée.

— Doutez-vous de votre cœur, Ralph ? dit Indiana avec une adorable expression de tendresse et de confiance, ou le mien ne vous offre-t-il pas assez de garanties ? »

« Vous le dirai-je ? je ne fus pas heureux les premiers jours. Je ne doutais pas de la sincérité de madame Delmare, mais l'avenir m'effrayait. Méfiant de moi-même avec excès depuis trente ans, ce ne fut pas en un jour que je pus m'affermir dans l'espoir de plaire et d'être aimé. J'eus des instants d'incertitude, de terreur et d'amertume ; je regrettai parfois de ne m'être pas précipité dans le lac, lorsqu'un mot d'Indiana m'avait fait si heureux.

head. The only thing that I am able to tell you is that the moon sank behind the great peaks of the mountain and no ominous sound disturbed the peaceful murmur of the waterfall; the birds on the cliff did not take their flight until a white streak appeared on the horizon; and the first ruddy beam that fell upon the clump of orange-trees found me on my knees blessing God.

"Do not think, however, that I accepted instantly the unhoped-for happiness which gave a new turn to my destiny. I was afraid to sound the radiant future that was dawning for me; and when Indiana raised her eyes and smiled upon me, I pointed to the waterfall and talked of dying.

"'If you do not regret having lived until this morning,' I said to her, 'we can both declare that we have tasted happiness in all its plenitude; and it is an additional reason for ceasing to live, for perhaps my star would pale to-morrow. Who can say that, on leaving this spot, on coming forth from this intoxicating situation to which thoughts of death and love have brought me, I shall not become once more the detestable brute whom you despised yesterday? Will you not blush for yourself when you find me again as you have always known me? Oh! Indiana, spare me that horrible agony; it would be the complement of my destiny.'

"'Do you doubt your heart, Ralph?' said Indiana with an adorable expression of love and confidence, 'or does not mine offer you sufficient guarantee?'

"Shall I tell you? I was not happy at first. I did not doubt Madame Delmare's sincerity, but I was terrified by thought of the future. Having distrusted myself beyond measure for thirty years, I could not feel assured in a single day of my ability to please and to retain her love. I had moments of uncertainty, alarm and bitterness; I sometimes regretted that I had not jumped into the lake when a word from Indiana had made me so happy.

« *Elle aussi dut avoir des retours de tristesse. Elle se défit avec peine de l'habitude de souffrir, car l'âme se fait au malheur, elle y prend racine et ne s'en détache qu'avec effort. Cependant je dois rendre au cœur de cette femme la justice de dire qu'elle n'eut jamais un regret pour Raymon ; elle ne s'est pas même souvenue de lui pour le haïr.*

« *Enfin, comme il arrive dans les affections profondes et vraies, le temps, au lieu d'affaiblir notre amour, l'établit et le scella ; chaque jour lui donna une intensité nouvelle, parce que chaque jour amena de part et d'autre l'obligation d'estimer et de bénir. Toutes nos craintes s'évanouirent une à une ; et, en voyant combien ces sujets de défiance étaient faciles à détruire, nous nous avouâmes en souriant que nous acceptions le bonheur en poltrons, et que nous ne nous méritions pas l'un l'autre. De ce moment, nous nous sommes aimés avec sécurité.* »

Ralph se tut ; puis, après quelques instants d'une méditation religieuse où nous restâmes absorbés tous les deux :

« *Je ne vous parle pas de mon bonheur, dit-il en me pressant la main ; s'il est des douleurs qui ne se trahissent jamais et qui enveloppent l'âme comme un linceul, il est aussi des joies qui restent ensevelies dans le cœur de l'homme parce qu'une voix de la terre ne saurait les dire. D'ailleurs, si quelque ange du ciel venait s'abattre sur l'une de ces branches en fleurs pour vous les raconter dans la langue de sa patrie, vous ne les comprendriez pas, vous, jeune homme, que la tempête n'a pas brisé et que n'ont pas flétri les orages. Hélas ! que peut-elle comprendre au bonheur, l'âme qui n'a pas souffert ? Pour nos crimes, ajouta-t-il en souriant...*

— Oh ! m'écriai-je les yeux mouillés de larmes...

— Écoutez, Monsieur, interrompit-il aussitôt ; vous n'avez vécu que quelques heures avec les deux coupables de Bernica, mais une seule vous suffisait pour savoir leur vie tout entière. Tous nos jours se

"She too must have had attacks of melancholy. She found it difficult to break herself of the habit of suffering, for the heart becomes used to unhappiness, it takes root in it and cuts loose from it only with an effort. However, I must do her heart the justice to say that she never had a regret for Raymon; she did not even remember him enough to hate him.

"At last, as always happens in deep and true attachments, time, instead of weakening our love, established it firmly and sealed it; each day gave it added intensity, because each day brought fresh obligations on both sides to esteem and to bless. All our fears vanished one by one; and when we saw how easy it was to destroy those causes of distrust, we smilingly confessed to each other that we took our happiness like cowards and that neither of us deserved it. From that moment we have loved each other in perfect security."

Ralph paused; then, after a few moments of profound meditation in which we were equally absorbed, he continued, pressing my hand:

"I say nothing of my happiness; if there are griefs that never betray their existence and envelop the heart like a shroud, so there are joys that remain buried in the heart of man because no earthly voice can describe them. Moreover, if some angel from heaven should light upon one of these flowering branches and describe those joys in the language of his native land, you would not understand them, young man, for the tempest has not bruised and shattered you. Alas! what can the heart that has not suffered understand of happiness? As to our crimes——" he added with a smile.

"Oh!" I cried, my eyes wet with tears.

"Listen, monsieur," he continued, interrupting me; "you have lived but a few hours with the two outlaws of Bernica, but a single hour would suffice for you to learn their whole life. All our days resemble

ressemblent ; ils sont tous calmes et beaux ; ils passent rapides et purs comme ceux de notre enfance. Chaque soir nous bénissons le ciel ; nous l'implorons chaque matin, nous lui demandons le soleil et les ombrages de la veille. La majeure portion de nos revenus est consacrée à racheter de pauvres noirs infirmes. C'est la principale cause du mal que les colons disent de nous. Que ne sommes-nous assez riches pour délivrer tous ceux qui vivent dans l'esclavage ! Nos serviteurs sont nos amis ; ils partagent nos joies, nous soignons leurs maux. C'est ainsi que notre vie s'écoule, sans chagrins, sans remords. Nous parlons rarement du passé, rarement aussi de l'avenir ; nous parlons de l'un sans effroi, de l'autre sans amertume. Si nous nous surprenons parfois les paupières mouillées de larmes, c'est qu'il doit y avoir des larmes dans les grandes félicités ; il n'y en a pas dans les grandes misères.

— Mon ami, lui dis-je après un long silence, si les accusations du monde pouvaient arriver jusqu'à vous, votre bonheur répondrait assez haut.

— Vous êtes jeune, répondit-il ; pour vous, conscience naïve et pure, que n'a pas salie le monde, notre bonheur signe notre vertu ; pour le monde, il fait notre crime. Allez, la solitude est bonne, et les hommes ne valent pas un regret.

— Tous ne vous accusent pas, lui dis-je ; mais ceux-là même qui vous apprécient vous blâment de mépriser l'opinion, et ceux qui avouent votre vertu vous disent orgueilleux et fier.

— Croyez-moi, me répondit Ralph, il y a plus d'orgueil dans ce reproche que dans mon prétendu mépris. Quant à l'opinion, Monsieur, à voir ceux qu'elle élève, ne faudrait-il pas toujours tendre la main à ceux qu'elle foule aux pieds ? On la dit nécessaire au bonheur ; ceux qui le croient doivent la respecter. Pour moi, je plains sincèrement tout bonheur qui s'élève ou s'abaisse à son souffle capricieux.

one another; they are all calm and lovely; they pass by as swiftly and as pure as those of our childhood. Every night we bless God; we pray to him every morning, we implore at his hands the sunshine and shade of the day before. The greater part of our income is devoted to the redemption of poor and infirm blacks. That is the principal cause of the evil that the colonists say of us. Would that we were rich enough to set free all those who live in slavery! Our servants are our friends; they share our joys, we nurse them in sickness. This is the way our life is spent, without vexations, without remorse. We rarely speak of the past, rarely of the future; but always of the former without bitterness, of the latter without alarm. If we sometimes surprise ourselves with tears in our eyes, it is because great joys always cause tears to flow; the eyes are dry in great misery."

"My friend," I said after a long silence, "if the accusations of the world should reach your ears, your happiness would answer loudly enough."

"You are young," he replied, "in your eyes, for your conscience is ingenuous and pure and unsoiled by the world, our happiness is the proof of our virtue; in the eyes of the world it is our crime. Solitude is sweet, I tell you, and men are not worth a regret."

"All do not accuse you," I said; "but even those who appreciate your true character blame you for despising public opinion, and those who acknowledge your virtue say that you are arrogant and proud."

"Believe me," replied Ralph, "there is more pride in that reproach than in any alleged scorn. As for public opinion, monsieur, judging from those whom it exalts, ought we not always to hold out our hand to those whom it tramples upon? It is said that its approval is necessary to happiness; they who think so should respect it. For my part, I sincerely pity any happiness that rises or falls with its capricious breath."

— *Quelques moralistes blâment votre solitude ; ils prétendent que tout homme appartient à la société, qui le réclame. On ajoute que vous donnez aux hommes un exemple dangereux à suivre.*

— *La société ne doit rien exiger de celui qui n'attend rien d'elle, répondit sir Ralph. Quant à la contagion de l'exemple, je n'y crois pas, Monsieur ; il faut trop d'énergie pour rompre avec le monde, trop de douleurs pour acquérir cette énergie. Ainsi, laissez couler en paix ce bonheur ignoré qui ne coûte rien à personne, et qui se cache de peur de faire des envieux. Allez, jeune homme, poursuivez le cours de votre destinée ; ayez des amis, un état, une réputation, une patrie. Moi, j'ai Indiana. Ne rompez point les chaînes qui vous lient à la société, respectez ses lois si elles vous protègent, prisez ses jugements s'ils vous sont équitables ; mais si quelque jour elle vous calomnie et vous repousse, ayez assez d'orgueil pour savoir vous passer d'elle.*

— *Oui, lui dis-je, un cœur pur peut nous faire supporter l'exil ; mais, pour nous le faire aimer, il faut une compagne comme la vôtre.*

— *Ah ! dit-il avec un ineffable sourire, si vous saviez comme je plains ce monde qui me dédaigne !* »

Le lendemain je quittai Ralph et Indiana ; l'un m'embrassa, l'autre versa quelques larmes.

« Adieu, me dirent-ils, retournez au monde ; si quelque jour il vous bannit, souvenez-vous de notre chaumière indienne. »

"Some moralists criticise your solitary life; they claim that every man belongs to society, which demands his presence. They add that you set an example which it is dangerous to follow."

"Society should demand nothing of the man who expects nothing from it," Sir Ralph replied. "As for the contagion of example, I do not believe in it, monsieur; too much energy is required to break with the world, and too much suffering to acquire that energy. So let this unknown happiness flow on in peace, for it costs nobody anything, and conceals itself for fear of making others envious. Go, young man, follow the course of your destiny; have friends, a profession, a reputation, a fatherland. As for me, I have Indiana. Do not break the chains that bind you to society, respect its laws if they protect you, accept its judgments if they are fair to you: but if some day it calumniates you and spurns you, have pride enough to find a way to do without it."

"Yes," said I, "a pure heart will enable us to endure exile; but, to make us love it, one must have such a companion as yours."

"Ah!" he said, "if you knew how I pity this world of yours, which looks down on me!"

The next day I left Ralph and Indiana; one embraced me, the other shed a few tears.

"Adieu," they said to me; "return to the world; if some day it banishes you, remember our Indian cottage."

Souvenez-vous de notre chaumière indienne.
(p.657)

www.ingramcontent.com/pod-product-compliance
Lightning Source LLC
LaVergne TN
LVHW091653190726
843493LV00001B/2